Mit dem Gestern das Heute heilen

Tina Nelk

© 2020 Tina Nelk · www.tinanelk.de
Satz & Layout: chaela (www.chaela.de)
Covergestaltung: Sam Arts
Fotos/Grafiken: #191847971 | Adobe Stock; privat

Verlag: tredition GmbH, Halenreie 40–44, 22359 Hamburg

1. Auflage (August 2019)

Paperback 978-3-7497-2161-0
Hardcover 978-3-7497-2162-7
e-Book   978-3-7497-2163-4

MIT DEM GESTERN

DAS

HEUTE
HEILEN

TINA NELK

Inhaltsverzeichnis

Sie werden sterben!

Sie werden sterben.

Wie fühlt es sich an, wenn ich Sie daran erinnere?

Sind die Knie schon weich, ist der Hals schon verengt?

Sind die Lebensversicherung, das Testament und die Sterbebettvereinbarung mit Ihrem Bankberater abgeklärt?

Können Sie fühlen, wie unterbewusste Kräfte in Ihnen arbeiten, dieses Thema möglichst weit in die Zukunft zu schieben? Oder haben Sie vielleicht einen anderen, emotionalen oder gar aktuellen Zugang zu diesem Thema, weil sie sich in letzter Zeit aus gegebenen Umständen mit dem Tod auseinandersetzen mussten?

Bestimmt geht es Ihnen aber wie neun von zehn Menschen, die ich auf das Thema anspreche: Sie haben Angst. Angst vor dem Tod, Angst vor dem Sterben, Angst davor, gehen und zurücklassen zu müssen. Ich glaube, dass die meisten Menschen Angst vor dem Tod haben, und dass Fragen auftauchen, wenn sie an ihren eigenen Abschied denken:

> Was passiert danach?
> Ist der Tod wirklich das Ende?
> Wie fühlt sich Sterben an?
> Gibt es so etwas wie eine Seele?

Obwohl wir Menschen wahre Meister der Verdrängung sind, können wir uns nicht dagegen wehren, dass der eigene Tod hin und wieder Einzug in unsere Gedankenwelt findet; spätestens beim einem runden Geburtstag werden Sie wieder spüren, wie Ihnen der Tod auf leisen Sohlen näherkommt.

Dieses Buch ist allen Menschen gewidmet, die sich mit den eben genannten Fragestellungen auseinandersetzen möchten.

Es ist für Trauernde geschrieben, aber auch für solche, die sich auf ihre spirituelle Reise begeben. Für Menschen, die Antworten finden möchten und spüren, dass es für sie an der Zeit ist, sich mit sich selbst und ihrer eigenen Rolle in diesem Universum auseinanderzusetzen.

Die Lektüre wird für Sie voller Erkenntnisse sein. Alle unsere Leben dienen dazu, Erfahrungen zu machen, Erfahrungen auf Seelenebene. Erfahrungen, die wir mit unserem bewussten Verstand nicht steuern können.

Diese Erfahrungen schließen wir in diesem, oder aber in einem der nächsten Leben ab. Es gibt nach unserem Tod ein Leben jenseits der physischen Welt, ein Leben als Seele; ich nenne es die ›Seelenheimat‹: Dort gibt es nur das Sein, es gibt keine Schmerzen, keine Herausforderungen, keine Steuererklärung – es gibt einfach nur Liebe. Mittlerweile beginnen immer mehr Menschen, sich mit ihrer spirituellen Ebene zu befassen; stets mit dem Ziel, über sich selbst zu lernen, Erfahrungen mit der geistigen Welt zu sammeln – und oft auch, um mit dem Jenseits in Kontakt zu kommen. Genau das ist mein ›täglich Brot‹ – seit 20 Jahren helfe ich Menschen dabei, Rückführungen in ihr vorheriges Dasein zu erleben.

Auch Ihnen möchte ich das ermöglichen; mit diesem Buch möchte ich Sie schrittweise an das Thema heranführen und Ihnen Ihre übersinnlichen Fähigkeiten aufzeigen. Meiner bisherigen Erfahrung nach tragen alle Menschen diese Fähigkeit in sich.

In unserem Leben sind wir umgeben von Seelen und Geistwesen, die uns inspirieren und beschützen auf unserem Weg: Je mehr wir zulassen, in Kontakt mit dem Jenseits und den Seelen zu kommen, umso positiver wird unser Leben. Es ist eine sehr große Bereicherung, auf die Sie nicht mehr verzichten wollen. Sie werden lernen, sich selbst zu lieben und mit vielen Dingen, über die Sie sich früher geärgert haben, entspannter umzugehen.

Ihr Leben wird eine sehr große Bereicherung erfahren und Ihre Lebensqualität einen ›Satz nach oben‹ machen, auf Ihrem Weg zur Spiritualität. Lassen Sie mich auf Ihrer Reise eine Unterstützerin sein, wie eine gute Freundin, die Ihnen die richtigen Abbiegungen aufzeigt. Sie werden lernen, mit Ihren Fähigkeiten umzugehen und Ihre eigenen Erfahrungen zu machen.

Ich wünsche Ihnen viel Erfolg auf Ihrer Reise!

Ihre Tina Nelk

Was ist das Jenseits?

Der Tod ist ein Teil unseres Lebens. Es gibt kein Leben ohne Tod.

Nur, wenn wir den Tod akzeptieren, kann es Leben geben.

Wenn wir hören, dass jemand verstorben ist, fühlen wir mit den Trauernden. Es sterben täglich Tausende Menschen und Tiere durch Krankheit, aus Altersgründen, durch Katastrophen, Unfälle, Kindstod, auch durch Verbrechen. Wir Menschen haben das Verhalten kultiviert, alles rund um unseren eigenen Tod zu verdrängen.

Häufig befassen wir uns erst dann mit ihm, wenn wir damit konfrontiert werden, dass etwa ein naher Angehöriger erkrankt, oder wenn wir uns von Menschen verabschieden müssen, die wir sehr geliebt haben.

Wir stellen uns dann die Frage, ob wir zu jeder Sekunde richtig handelten, ob wir die Zeit sinnvoll genutzt und unser beider Leben positiv ausgefüllt haben.

In manchen Fällen überkommen uns Schuldgefühle, und uns beschäftigt der Tod meist viele Jahre lang; die erste Phase ist geprägt von einem Gefühlscocktail aus Schmerz, Trauer und Wut. Wiederkehrende Gedanken hindern uns, in den Alltag zu finden und uns treibt die Frage um, warum uns das ›ausgerechnet jetzt‹ passiert.

Wir sind schockiert, erschüttert und können es nicht begreifen. Es bringt uns aus dem Gleichgewicht; es fühlt sich an, als wären wir innerlich erstarrt.

Der Verstorbene hinterlässt eine große Leere in uns; die Gefühle sind schwer zu ertragen, wir fühlen uns hilflos, sind taub, stumm und blind gegenüber Eindrücken, die wir vorher noch mit großer Freude entgegengenommen haben.

Mit dem Tod ist jedoch nicht alles vorbei; unsere Welt umfasst mehr Dimensionen, als wir sie je wahrnehmen können. Wenn ein Mensch stirbt, verlässt die Seele den Körper. Überlieferungen sprechen von ungefähr 50 Gramm, die hinterher ›fehlen‹, das Bewusstsein entweicht allmählich und lässt den menschlichen Körper zurück.

Häufig haben Sterbende Angst vor dem Tod.

Erst dann, wenn die Seele während der Sterbephase den Körper verlässt, geht es ihr gut. Ein innerer Frieden folgt, der Einklang mit sich selbst, es gibt keinerlei Schmerz und Krankheit, diese beiden Phänomene existieren schlicht nicht mehr auf Seelenebene.

Es passieren unerklärliche Dinge: In meinen vielen spirituellen Reinkarnationen ist es jedes Mal faszinierend, wenn der Klient sieht, wer gestorben ist und wie leicht es sich anfühlt, aus dem Körper hinaus zu gehen, das Glücksgefühl wahrzunehmen.

Nach der Reinkarnation haben die meisten Klienten keine Angst mehr vor dem Tod – und das zeigt mir, wie unendlich die Seele ist; sie stellt einen Teil des Universums dar.

Jesus Christus kam auf die Welt, lebte darin und starb. Gott erweckte ihn nach drei Tagen wieder zum Leben.

Menschen, die eine Nahtoderfahrung gemacht haben, erzählen von Lichterscheinungen, fühlten Wärme, Liebe, sahen Wiesen, fühlten sich schwebend; sie waren eins mit sich selbst.

Der Neurochirurg Dr. Eben Alexander schildert seine Nahtoderlebnisse eindrücklich in einem seiner Bücher: Die Ärzte hatten ihn, nachdem er ins Koma gefallen war, fast aufgegeben, als er – wie durch ein Wunder – nach sieben Tagen erwachte. Bis heute ist sein Buch ›Blick in die Ewigkeit‹ ein Standardwerk für alle, die sich mit Reinkarnation und dem Seelenleben befassen.

Für mich als Medium sind Nahtoderlebnisse, wie sie etwa bei einem Herzstillstand auftreten, eine Reise mit der Seele in die Unendlichkeit des allumfassenden Seins; dorthin, wo die Seelen nach dem körperlichen Tod ankommen werden.

Die empirische Wissenschaft hält dagegen; viele Wissenschaftler halten alle diese deckungsgleichen Erzählungen und Berichte für eine Illusion, eine Halluzination, eine Spinnerei.

Für mich ist seit Langem klar: Es gibt viele Dinge zwischen Himmel und Erde, die wir uns mit den normalen naturwissenschaftlichen Verfahren nicht erklären können.

Im Folgenden werde ich einen Überblick über verschiedene Themen meiner Arbeit geben.

Nachdem Sie das Buch gelesen haben, werden Sie schlauer sein, was den Tod angeht, was Trauerbewältigung bedeutet und Sie werden Methoden kennengelernt haben, mit denen Sie mit bereits Verstorbenen in Kontakt treten können.

Ich werde Sie auf eine Reise nach Indien entführen, Ihnen zeigen, wo genau Ihr Schicksal niedergeschrieben steht, und ich werde dafür sorgen, dass Sie neugierig sein werden auf das Thema ‚Hypnose'. Sie werden Kontexte erhalten und Fragen beantwortet kriegen, die sich Ihnen stellen werden.

Glauben Sie an ein Leben nach dem Tod? Ich werde Ihnen gute Argumente an die Hand geben, an ein Leben nach dem Tod (und vor der Geburt) zu glauben.

Meine Ausführungen werde ich immer mal wieder mit Fallbeispielen und Erzählungen schmücken, damit Sie ein Gefühl dafür bekommen, dass die Methoden nicht nur theoretisch im Buch existieren, sondern auch tagtäglich in der Praxis angewandt werden und Menschen in ihrem Leben weiterbringen.

Öffnen Sie Ihr Herz, öffnen Sie Ihre Augen und behalten Sie ein offenes Ohr – ohne dabei den skeptischen Kritiker in Ihnen auszuschalten.

Beginnen wir mit einem leichteren Thema – der Hypnose!

Für Ihre Notizen:

HYPNOSE

LASSEN SIE LOS!

Waren Sie heute
bereits hypnotisiert?

Häufig zucken Klienten zusammen, wenn ich das Wort ›Hypnose‹ in den Mund nehme. Ich muss es nicht mal als Therapiemöglichkeit für sie vorschlagen; der bloße Gedanke daran, dem Hypnotiseur auf einer Trage liegend willenlos ausgeliefert zu sein, schreckt die Klienten dermaßen ab, dass sie Abstand nehmen und sich gar nicht mehr auf den Gedanken einlassen können und wollen.

Ich habe vollstes Verständnis für meine Klienten. In meinem Beruf ist absolute Empathie unabdingbar, für welche Gedanken und Gefühlsregungen auch immer.

Trotzdem muss ich immer auch ein wenig schmunzeln, wenn sich ungefähr folgender Dialog ergibt: »Ich habe verstanden, dass Sie Vorbehalte gegen eine Hypnose haben. Darf ich Sie denn fragen, wie oft sie heute bereits hypnotisiert wurden?«

Sie können sich nicht vorstellen, wie vielen Klienten sprichwörtlich das Essen aus dem Gesicht fällt und sich ihre Augen weiten, wenn ich den Satz ausgesprochen habe.

»Ich? Hypnotisiert? Wie ... wie meinen Sie das?«

Da es zu meiner Praxisphilosophie gehört, meinen Klienten auf absoluter Augenhöhe zu begegnen, löse ich das sich anbahnende Missverständnis dann schnell auf:

»Nun – jeder Mensch durchlebt jeden Tag mehrmals Zustände, die als ‚hypnotische Zustände‘ bezeichnet werden können.«

Ein ‚hypnotischer Zustand‘ ist klar definiert, er tritt dann ein, wenn Ihr Gehirn eine bestimmte Aktivität aufweist.

Ihr Gehirn schläft nie. Dauernd ist es ›im Einsatz‹, mal bemerken Sie das mehr, mal eher weniger. Während dieser Aktivität strahlt es Wellen aus, die mittels Messobjekten wahrgenommen und interpre-

tiert werden können – je nach Frequenz dieser Wellen wird das Ergebnis in eine Kategorie eingeteilt:

Gamma (100 – 38 Hertz = Schwingungen pro Sekunde)
Beta (38 – 15 Hz)
Alpha (14 – 8 Hz)
Theta (7 – 4 Hz)
Delta (3 – 0,5 Hz)

Vielleicht erkennen Sie bereits, warum ich vorhin sagte, dass Sie sich
jeden Tag mehrmals in einem hypnotischen Zustand befinden: Alle
diese Phasen werden jeden Tag mehrfach durchlaufen, mal befinden
wir uns in einem Theta-Zustand, mal in einem Alpha-Zustand.

Wann immer Sie sich in einem entspannten und wohlfühligen Al-
pha-Bereich befinden, tritt der hypnotische Zustand ein. Er ist das Tor
zur Entspanntheit, alles ist im ›Flow‹, gerade dann, wenn sie konzen-
triert an einer Sache arbeiten, wenn Sie joggen oder Geschirr spülen,
wenn Sie gerade einschlafen oder aufwachen – dann befinden Sie sich
immer in einem hypnotischen Zustand, einer ‚Trance‘ nahe.

Sie fühlen sich dann weder unter- noch überfordert und die Zeit ver-
geht wie im Fluge.

Auch jetzt gerade, wo ich hier diese Zeilen zu Papier bringe, be-
finde ich mich gerade in einem Schreibflow, bin also sozusagen wie
hypnotisiert.

Die Frage ist jetzt also, warum der Begriff der Hypnose so negativ
konnotiert ist.

Hallo, liebe Tina,

als realistisch denkender Zeitgenosse habe ich bisher Hypnose eher für unrealistisch gehalten.

Ich habe jetzt zwei Sitzungen mit dir erlebt. Und ich muss meine vorgefasste Meinung über Hypnose total korrigieren. Denn die Sitzungen waren sehr wohltuend. Deine behutsame und sanfte Behandlungsmethode wirkt sehr beruhigend, tiefgründig und nachhaltig. Man fällt nicht direkt in einen Tiefschlaf, sondern eher in einen ›Dämmerzustand‹ – und hört nur die leise Musik und deine sehr einfühlsame Stimme. Dieser Zustand ist einfach nur schön. Dabei sprichst du nur das Unterbewusstsein an, ohne dass man sich manipuliert fühlt.

Und dabei hast du mich mit einem Erlebnis der besonderen Art überrascht. Nach dem Aufwachen hast du mir genau beschrieben, wie meine im letzten Jahr verstorbene Frau ausgesehen hat: die Haarfarbe, die Größe, die schlanke Figur, das feine Wesen, dass sie mehrere Jahrzehnte mit mir glücklich verheiratet war – und auch, dass sie zuhause in meinen Armen liegend verstorben ist mit einem zufriedenen Lächeln auf den Lippen, dass sie in einem Urnengrab beigesetzt wurde und ich ihren Ehering als ewiges Erinnerungsstück aufhebe. Es stimmt alles!

Deine mir geschilderten Erkenntnisse finde ich einfach phänomenal! Und ich frage mich, wie so etwas möglich ist. Hast du etwa hellseherische Fähigkeiten? Ich vermute mal, dass du eher eine telepathische ›Antenne‹ zu etwas Höherem und Unfassbaren besitzt. Und jetzt kreisen natürlich meine Gedanken nur um dich und deine Behandlungsmethode. Ich lasse die Sitzungen immer wieder Revue passieren, weil ich es noch nicht richtig begreifen kann.

Aber nicht nur das. Auch du bist eine tolle Frau. Deine einfühlsame und beruhigende Stimme wirkt sehr wohltuend. Es kommt mir vor, als würden wir uns schon lange kennen. Bedingt durch deine wunderbare Art, nur positive Gedanken zu versprühen.

Es ist jetzt Mitternacht. Eigentlich Zeit, um schlafen zu gehen. Aber du beschäftigst mich die ganze Zeit, sodass ich den Drang verspüre, dir unbedingt meine Gefühlslage zu offenbaren. Ich kann nicht anders.

Viele liebe Grüße
Tim, Januar 2019

Warum Hypnose einen negativen Beiklang hat

Diverse TV-Shows und Zirkusakteure zeichnen mit Showhypnosen ein falsches Bild von der Technik, indem sie ihre Schützlinge auf der Bühne vorführen und zur Belustigung preisgeben.

Das alles hat natürlich nichts mit der Arbeit zu tun, die ich als professionelle Hypnotherapeutin ausführe; in meinen zahlreichen Ausbildungen habe ich gelernt, dass das oberste Gebot ist, Vertrauen zu meinem Klienten aufzubauen und dafür zu sorgen, dass er sich wohlfühlt: Er wird sich mir nur hingeben können, wenn er mir vollends vertraut, und nur dann kann er sich entspannen und nur dann wiederum kann sich der vorhin angedeutete Alpha-Zustand einstellen.

Machen Sie die Probe aufs Exempel und stellen Sie sich eine Situation vor, in der Sie ängstlich sind, etwa dann, wenn Sie sich vorstellen, eine Rede vor 100 Leuten halten zu müssen, oder wenn Sie eine Vogelspinne auf die Hand gesetzt bekommen –

Sie glauben nicht wirklich, dass Sie dann in diesem Augenblick in der Lage dazu wären, entspannt zu sein und sich hypnotisieren zu lassen?

Nein, das ist ganz und gar unmöglich.

Um erste Berührungsängste mit der Hypnose abzubauen, können Sie sich erneut vergegenwärtigen, dass Sie jeden Tag automatisch mehrfach in den Zustand der Hypnose wechseln.

»Hypnose« entspringt dem griechischen Wort *hypnos* (übersetzt: der Schlaf) und ist ein Zustand, der dem zwischen dem Schlaf- und dem Wachbewusstsein ähnelt.

Bei dem hypnotischen Zustand (auch ‚Trance‘ genannt) handelt es sich um einen Zustand der Gelöstheit, der Entspannung, locker und frei von Angst. Mit ihm verbunden sind eine veränderte Selbstwahrnehmung und das offene Tor zum Unterbewusstsein.

Während im regulären Bewusstseinszustand immer verschiedene Reize gleichzeitig wahrgenommen werden, ist Ihre Wahrnehmung während der Trance auf eine bestimmte Vorstellung gerichtet, sodass die restliche Umgebung ausgeblendet werden kann.

Außenreize werden zunehmend unwichtiger. Etwas »wie in Trance« zu tun ist also ein ganz alltäglicher Zustand.

Noch mal: Jeder Mensch ist mehrfach am Tag »in Hypnose«, zum Beispiel jeden Morgen, während Sie aufwachen, während Sie joggen oder beim Lesen eines spannenden Buches oder beim konzentrierten Ausführen einer Arbeit.

Auch auf der physischen Ebene tut sich eine Menge, eine Hypnose ist also nichts, was Sie einfach nur innerlich mit sich ausmachen, sie ist auch von außen komplett spür- und erlebbar, da eine Harmonisierung der inneren Rhythmen stattfindet.

Würde man Sie während des Trancezustands untersuchen, so würden eine ruhigere und gleichmäßigere Atmung, ein besonnener Herzschlag und ein gesunder Blutdruck festgestellt werden.

Hey, liebe Tina,

ich bin es schon wieder. Denn ich habe jetzt die 3. Sitzung bei dir erlebt.

Und ich muss dir sagen, ich verspüre ganz intensiv die wohltuende Wirkung deiner Behandlungsmethode. Du hast auf jeden Fall mein Selbstwertgefühl gestärkt und sicher auch die Selbstheilungskräfte aktiviert. Denn ich bin, glaube ich, ein etwas anderer Mensch geworden. Das ist nicht übertrieben.

Denn ich fühle mich irgendwie befreit, als wäre eine schwere Last von mir abgefallen. Und was ich noch nie getan habe: Ich singe lauthals schöne Lieder. Ich bin fröhlich und guter Stimmung und spüre, dass ich innerlich zur Ruhe gekommen bin. Auch bin ich überhaupt nicht mehr hektisch und auch nicht aufgeregt, sehe alles viel gelassener. Und vor allen Dingen schlafe ich jetzt nachts viel entspannter. Bin ich vorher 4 bis 5-mal aufgestanden, so geschieht das jetzt nur noch einmal. Das ist ein ganz neues Lebensgefühl, wenn man morgens ausgeruht den Tag beginnt.

Ich danke dir von ganzem Herzen und bin richtig glücklich, dass ich den Weg zu dir gefunden habe.

Viele liebe Grüße
Frank, Januar 2019

Welche Chance liegt in der Hypnose?

Wovor die meisten Menschen Angst haben, ist das, was sie auf Bühnen oder im Fernsehen gesehen haben: Der Hypnotiseur nutzt seine Rolle aus und führt den Hypnotisierten vor. Das ist unter keinen Umständen das, was während einer therapeutischen Hypnosesitzung passiert. Es ist sogar eher das Gegenteil: Sie bleiben die ganze Zeit ›wach‹, haben die ganze Zeit die letztendliche Kontrolle über sich selbst und verlieren zu keiner Zeit das Bewusstsein. Den eben angesprochenen Punkt des ›geöffneten Unterbewusstseins‹ möchte ich gern aufgreifen; denn dieser sorgt dafür, dass Sie empfänglich werden für neue, für andere Botschaften, die Ihrem Leben mehr zuträglich sein können, und genau hier liegt der Schlüssel zur Veränderung.

Menschen rufen mich als Interessenten an und werden dann zu Klienten, wenn sie das Gefühl haben, ich kann sie bei ihrer Veränderung unterstützen.

Manchmal geht es um einen Verlust, um Trennungsschmerz oder den (Todes-)Verlust eines geliebten Menschen.

Manchmal geht es um Eheprobleme und Streit mit dem Partner.

Manchmal geht es darum, dass die Person abnehmen und ihren Körper mehr trainieren möchte und sich nach mehr Disziplin sehnt.

Häufig spielt das Thema ‚Selbstwertgefühl‘ eine große Rolle.

Alle diese Themen können dann leicht bespielt werden, wenn der Klient seine ganzen Schutzblockaden runtergefahren und abgelegt hat – und genau das macht Hypnose.

Indem Sie in einen Trancezustand versetzt werden, in dem Sie weiterhin alles mitkriegen und bei vollem Bewusstsein sind, ist das Tor zum Unterbewusstsein geöffnet. Der ›Wächter vor dem Tor‹, wie Charles Haanel ihn liebevoll nennt, ist beiseitegeschoben und dieser Umstand ermöglicht uns, ans Eingemachte zu gehen.

Natürlich können Glaubenssätze, die Sie teilweise über Jahrzehnte aufgebaut und gefestigt haben, nicht von heute auf morgen austauschen. Wenn Sie über Monate hinweg daran geglaubt haben, dass Sie es nicht wert sind, einen neuen Traumpartner zu finden, oder dass Sie auf ewig Probleme damit haben, Ihr Gewicht zu verändern, dann kann eine halbe Stunde Hypnose nicht Ihr Unterbewusstsein völlig auf den Kopf stellen. Veränderung geschieht niemals über eine ›magische Pille‹, sondern immer langfristig und bedarf Zeit.

Jede Sitzung und jedes Mühen jedoch, wird Sie ein Stück in die richtige Richtung bringen und dafür sorgen, dass Sie mehr Lebensqualität erlangen oder zurückerhalten werden. Es ist möglich, sich zu verändern, Glaubenssätze aufzubrechen und durch neue zu ersetzen – und Hypnose ist ein wunderbares Werkzeug, diesen Prozess zu ermöglichen.

Das ist auch die Macht der Suggestion: In unserem Alltag sind wir ständig umgeben von Suggestionen, also Botschaften, die uns beeinflussen, ob wir das wollen oder nicht.

Die Werbung nutzt das geschickt, um uns Bedürfnisse einzureden, die wir ohne die Werbung womöglich niemals haben würden. Genauso, wie Sie in Ihrem Alltag den hypnotischen Zustand erreichen (z. B. während des Joggens oder Geschirrspülens) und dadurch empfänglich sind für suggestive Botschaften, können Sie eigens gewählte Botschaften in durch Therapeuten bewusst herbeigeführten Zuständen empfangen.

Hallo Tina,

Bevor ich zu dir kam, war ich stressig, schlecht gelaunt und ein ungeduldiger unruhiger Mensch, der kaum noch gelacht hat und voller negativer Gedanken war.

Nach der ersten Sitzung war ich sehr erstaunt, wie du herausgefunden hast, was mich bedrückte. Du hast mir erklärt, wie ich meine Probleme verarbeiten und mich mehr auf mich selbst konzentrieren kann.

Nach der zweiten und dritten Sitzung fühlte ich mich nun wie ein anderer Mensch, nämlich voller Energie, Standfestigkeit und positiver Einstellung.

Ich lache jetzt viel mehr, bin voller Lebensfreude und lasse mich nicht mehr aus der Ruhe bringen.
Sogar meinen Mitmenschen ist aufgefallen, dass ich mich positiv verändert habe, was ich übrigens sehr gut finde.

Wenn ich doch mal wieder einen ›Hänger‹ habe, powere ich mich mit Sport aus, oder ich nehme mir eine Auszeit, um auf YouTube eine Meditation anzuhören.

Ich danke dir, dass es dich gibt und das du mir geholfen hast.

Deine Frauke

Februar 2019

Werde ich aus der Hypnose wieder erwachen?

Oh ja!

Sie werden aus einer Hypnose auf jeden Fall wieder ›erwachen‹, denn Sie sind genau genommen nie außer Bewusstsein.

Im extremen (und zugleich unerwarteten) Fall kann es höchstens passieren, dass Sie sanft einschlafen – aber auch hier würden Sie ganz normal wieder aufwachen.

Was Sie jedoch wissen sollten: Das Auflösen der Hypnose gehört zum Handwerkszeug eines gelernten Hypnotherapeuten und es sollte auch nur ein solcher ausführen.

Hallo Tina,

Bevor ich zu dir kam, war ich häufig sehr durcheinander und habe mir oft zu viele negative Gedanken gemacht.

Nach der ersten Sitzung war ich sehr erstaunt, wie du herausgefunden hast, was mich bedrückte. Du hast mir erklärt, wie ich meine Probleme verarbeiten und mich mehr auf mich selbst konzentrieren kann.

Nach der zweiten und dritten Sitzung fühlte ich mich besser, standfester und mehr positiv einstellt.

Nun kann ich voller Stolz sagen, dass ich seit Mitte Januar meine Ausbildung / Gesellenprüfung erfolgreich abgeschlossen habe und im Betrieb fest übernommen wurde!

Ich danke dir, dass du mir geholfen hast.

Liebe Grüße Sebastian

März 2019

Wirkungsweise von Hypnosen

Hypnose ist – richtig angewendet – ein sehr wirksames Instrument.

Im Gegensatz zur sogenannten »sanften Hypnose«, welche heutzutage oft beworben wird und am ehesten noch mit autogenem Training vergleichbar ist, arbeite ich mit Techniken, die schnell zum gewünschten Ziel führen. Hierbei werden, wie vorhin angerissen, auch Körperfunktionen wie der Puls und der Blutdruck gesenkt.

Es sei darauf hingewiesen, dass Sie vorher mit Ihrem Hausarzt klären müssen, ob eine Hypnosesitzung für Sie infrage kommt, wenn Sie Schwierigkeiten mit Ihrem Blutdruck oder Kreislauf haben oder an Anfallserkrankungen leiden (z. B. Epilepsie) oder aber regelmäßig auf Medikamente angewiesen sind.

Für einen gesunden Menschen stellt eine professionell durchgeführte Hypnose keinerlei Gesundheitsrisiko dar; im Gegenteil: So gut wie alle Klienten berichten mir hinterher, dass Sie einen schönen Zustand erlebt haben, den Sie auch in Zukunft nicht mehr missen möchten.

Hallo, liebe Tina,

als realistisch denkender Zeitgenosse habe ich bisher Hypnose eher für unrealistisch gehalten.

Ich habe jetzt zwei Sitzungen mit dir erlebt. Und ich muss meine vorgefasste Meinung über Hypnose total korrigieren. Denn die Sitzungen waren sehr wohltuend. Deine behutsame und sanfte Behandlungsmethode wirkt sehr beruhigend, tiefgründig und nachhaltig.
Man fällt nicht direkt in einen Tiefschlaf, sondern eher in einen ›Dämmerzustand‹ – und hört nur die leise Musik und deine sehr einfühlsame Stimme. Dieser Zustand ist einfach nur schön.
Dabei sprichst du nur das Unterbewusstsein an, ohne dass man sich manipuliert fühlt.

Und dabei hast du mich mit einem Erlebnis der besonderen Art überrascht. Nach dem Aufwachen hast du mir genau beschrieben, wie meine im letzten Jahr verstorbene Frau ausgesehen hat: die Haarfarbe, die Größe, die schlanke Figur, das feine Wesen, dass sie mehrere Jahrzehnte mit mir glücklich verheiratet war – und auch, dass sie zuhause in meinen
Armen liegend verstorben ist mit einem zufriedenen Lächeln auf den Lippen, dass sie in einem Urnengrab beigesetzt wurde und ich ihren Ehering als ewiges Erinnerungsstück aufhebe. Es stimmt alles!

Deine mir geschilderten Erkenntnisse finde ich einfach phänomenal! Und ich frage mich, wie so etwas möglich ist. Hast du etwa hellseherische Fähigkeiten? Ich vermute mal, dass du eher eine telepathische ›Antenne‹ zu etwas Höherem und Unfassbaren besitzt.

Wie wirkt aber nun die Hypnose?

Stellen Sie sich Ihr Lieblingsessen vor dem geistigen Auge vor.

Riechen Sie den Duft, stellen Sie sich genau vor, wie Sie einen großen Teller vor sich serviert bekommen ... und? Merken Sie was?

Beginnt ihr Mund mit der Speichelproduktion?
Womöglich beginnt auch Ihr Magen damit, die Produktion des Magensaftes anzuregen. Sie verspüren Appetit.
Das Gleiche könnten wir auch mit negativen Bildern machen; stellen Sie sich etwa vor, Sie würden auf einem 30 Meter hohen Turm ohne Geländer stehen, oder ich würde Ihnen eine Vogelspinne auf die Hand setzen; Ihr Körper reagiert, obwohl Sie sich die Bedrohung (oder den Genuss) lediglich vorstellen; das ist der »Clou« hinter der Hypnose!
Nicht umsonst arbeitet die Werbung mit Bildern, die Sehnsüchte kreieren, und die wiederum dazu führen, dass körperliche und psychische Reaktionen hervorgerufen werden.
Im Trancezustand werden ebenfalls Bilder erzeugt, die nachhaltig positive Veränderungen hervorrufen; diese Zielsetzung muss der Therapeut vorher mit Ihnen abstimmen.
Hypnose ist ein »Kurzurlaub« für Körper, Geist und Seele, eine wirksame Form der Therapie, die mittlerweile auch in der Medizin immer mehr Anklang findet und teilweise sogar von Schulmedizinern verschrieben wird.
(Ich bin übrigens nicht pauschal gegen die Schulmedizin; wann immer wir mit unseren westlichen Möglichkeiten die Heilung unterstützen und herbeiführen können, sollten wir dies in Anspruch nehmen. Ich bin lediglich für den geweiteten Blick.)

In meiner Praxis biete ich Hypnose für diese Themenschwerpunkte an:

- berufliche Probleme
- Gewichtsreduktion
- Stressbewältigung
- Selbstwertgefühl
- Prüfungsvorbereitung
- Konzentrationssteigerung
- Aktivierung der Selbstheilungskräfte
- Trauerbewältigung
- Tiefenentspannung
- Energiearbeit
- Reinkarnation

Auch bei allen anderen Themen, von denen Sie sich belastet fühlen, können Sie mich unverbindlich anrufen. Die Kontaktmöglichkeiten finden Sie auf meiner Webseite www.TinaNelk.de

Für Ihre Notizen:

REINKARNATION

... REISEN SIE INS FRÜHER.

In Indien liegt (vielleicht) Ihre Geschichte!

»Was? Du warst noch nie in Indien?«

Ich bin ein kritisch denkender Mensch. Und ich sagte Ihnen eingangs, dass Sie das auch sein sollten. Für das, was ich Ihnen jetzt erzählen möchte, brauchen Sie ein wenig Neugierde ... und ich hoffe, ich kann Ihnen das Thema so nahebringen, wie es mir durch Natascha auch nahegebracht wurde.

Es geht um die sogenannte Akasha-Chronik; wenn Sie vorher bereits Berührungspunkte mit den Themen hatten, haben Sie den Begriff vielleicht schon mal gehört. Es gibt Menschen, die sich die Akasha-Chronik vor ihr bildliches Auge holen und daraus erzählen können, um Sie bei Rückführungen in Ihr vorheriges Leben zu begleiten. Das klingt abgefahren? Dachte ich auch.

Aber ich möchte die Geschichte von Anfang an erzählen.

Ich habe sehr viele Weiterbildungen gemacht und mache diese teilweise noch heute. Die Anzahl der Fortbildungen, die ich besucht habe, um stets eine noch bessere, empathischere und umsichtigere Hypno- und Reinkarnationstherapeutin zu werden, liegt irgendwo im höheren zweistelligen Bereich.

Und auf einem der Seminare lernte ich Natascha kennen.

Ich war in Koblenz auf einer Fortbildung zum Thema Hypnose als Rauchentwöhnungsinstrument, als wir beide in einer kurzen Pause ins Gespräch kamen.

Natascha war ungefähr Mitte vierzig, trug einen blonden Pferdeschwanz und leitete eine Praxis in Unna; da wir einige Übungen im Saal zufällig als Partner ausführen sollten, kannten wir uns also schon, als der Übungsleiter die Pause ansetzte. »Du warst selbst also noch nie

in Indien?«, lächelte sie mich ein wenig ungläubig, aber weiterhin herzlich an. »Ich kann das nur empfehlen, mein Reiseleiter hat das wirklich
toll gemacht. Ich hätte nie gedacht, dass ich so viel über die Akasha-Chronik lernen würde, einfach nur aus Gesprächen mit ihm ...«

Das waren viele Informationen auf einmal; Akasha? Nie gehört.

Das Schlagwort ›Indien‹ ließ mir andere Assoziationen in den Kopf
steigen: massenhafter, unübersichtlicher Verkehr, lustig-dreinschauen-
de Elefanten und abenteuerlich-riechende Essensstände am Straßenrand. Wir mussten beide lachen, als ich Natascha das erzählte.

Natascha schnitt kurz an, was sie meinte: »Die Akasha-Chronik ist
... wie soll ich sagen ... eine Bündelung aller Informationen über alle
Lebewesen und Entitäten, die je auf diesem Planeten gelebt haben und
leben werden. ›Akasha‹ ist hierbei der Sanskrit-Begriff für ›Äther‹, also
der feinstoffliche Raum. Die Chronik kannst du dir vorstellen wie ein
großes Universallexikon ...«

Wie bitte? Das kam mir dann doch etwas spanisch vor.

Ein Universallexikon? Was sollte das bedeuten? Ein Ort, an dem alle
Informationen gebündelt stehen - über alles, was jemals gelebt hat und
leben wird?

»Wenn du möchtest ...«, sie schob sich den Rest ihres Schnittchens
in den Mund, »... können wir heut Abend gemeinsam essen gehen und
ich erzähle dir davon!«

Meine Vorstellungskraft war riesig (immerhin stellte ich mir eben
noch lustige Elefanten am Straßenrand von Neu-Delhi vor ...) – aber
das klang doch schon etwas sehr »esoterisch«.

Zu meinem Naturell gehört aber auch meine Offenheit, und irgendwie machte mich das Thema dann doch sehr neugierig; für den Abend
hatte ich sowieso nichts anderes geplant, also verabredete ich mich gerne
mit Natascha und wir kehrten gegen 20 Uhr beim Italiener ein.

Nach kurzem Small Talk darüber, wie wir beide den Tag erlebt haben,
eröffnete sie dann auch direkt das Thema:

»Der kosmische Wissensspeicher«, erzählte sie, »gibt als energeti-
sche Substanz alles Lebendige im Universum wieder. Egal, ob dein
Hund, deine Katze, deine Oma, auch die Pflanzen in deinem Garten ...
alle diese Entitäten sind in dem Universallexikon verewigt.« – »Auch

mein Zwergkaninchen, das ich als Kind hatte?« ... und grinste Natascha an.

Sie musste lachen und merkte, dass ich sie etwas aus der Reserve locken wollte. Wir hatten eine gute Chemie an dem Abend. –

»Weißt du ...«, begann ich zu erzählen, »seit meiner frühen Kindheit arbeite ich mit Jenseitskontakten ... ich bin weitergebildet, was die Arbeit als Medium angeht, ich kenne Rückführungen in frühere Leben und habe ganz häufig erlebt, wie heilsam es sein kann, Menschen an vorherige Schicksale heranzuführen.«

Der Kellner stellte den Salat vor uns auf den Tisch.

»... aber als du vorhin mit Indien anfingst ... da war ich wirklich etwas skeptisch.«

»Das ist ja auch gut so«, bekräftigte mich Natascha, als sie ihr Stück Weißbrot in das Olivenöl tauchte, »... was ich gar nicht haben kann, sind die ›Nicker und ›Ja-Sager‹, wie ich sie immer nenne, die nichts kritisch hinterfragen und denen du das Blaue vom Himmel erzählen kannst.«

Dann fuhr sie fort, mir von der Akasha-Chronik zu erzählen.

In Indien gibt es seit jeher ein Volk, das als die heiligen ›Rishi‹ bezeichnet wird. Früher waren es Seher und Weise, die die urindische Kultur begründet haben.

Ihnen ist zugeteilt worden, das Leben einiger Menschen aus der Akasha-Chronik zu entnehmen und auf Palmblättern niederzuschreiben.

Diese getrockneten Palmblätter sind heute Palmblattbibliotheken in Indien, auf Bali und in Sri Lanka zu finden und können nur durch ausgewählte Menschen hervorgezogen und interpretiert werden.

Im Ergebnis heißt das: Jeder Besucher einer Tempelbibliothek soll aus seinem persönlichen Palmblatt Informationen über seine Zukunft, aber auch über alles, was jetzt geschieht und jemals geschah, erhalten. Für jedes Ereignis im Raum-Zeit-Gefüge gibt es eine eigene Chronik, die Handlungen und Veränderungen als Teilstücke festhält.

»Das klingt ...«

»... unglaublich, oder?«, ergänzte mich Natascha.

»Hast du schon mal was von Rudolf Steiner gehört?«

»Ja ... Moment mal ... war das nicht der Typ von den Waldorfschulen?«

Natascha musste etwas kichern und ihr Rotwein schwappte beinah aus ihrem Glas über. »Ja, genau der ... er hat ja die Anthroposophie mitbegründet. Er glaubte an das lebende Universum mit genau aufeinander abgestimmten Naturkonstanten. Nach Steiner ist das Lesen in der Akasha-Chronik lediglich in der höchsten Stufe der transzendenten Wahrnehmung möglich ...«

»Und noch mal für Normalsterbliche? Wie kann ich denn jetzt in meiner Chronik lesen?«

»Nicht in deiner Chronik, Tina. Sondern in der Chronik, ... in die unter anderem auch deine Geschichte hineingeschrieben wurde – genau wie alle anderen Geschichten, die sich hier auf unserem Planeten jemals abgespielt haben!«

Einen Zugang zur Akasha-Chronik haben speziell ausgebildete Menschen, die die inneren Abläufe des kosmischen Lexikons verstehen. Der Erhalt von Informationen erfordert Kenntnisse über die Akasha-Felder, die Möglichkeit, mit Geistwesen Kontakt aufnehmen zu können, die geistigen Gesetze sowie die Darstellung universeller Gegebenheiten.

Das Lesen der Chronik ist nur der Anfang ... viel wichtiger ist, die Inhalte richtig deuten zu können.

»Das heißt – ich könnte mein Palmblatt gar nicht lesen?«

»Mit viel Hingabe, Mühe und Arbeit könntest du es zwar allenfalls lesen«, antwortete Natascha, »aber du würdest es wahrscheinlich nicht verstehen. Deshalb hast du in der Regel auch einen Übersetzer dabei, ohne den du die Bibliothek wahrscheinlich auch gar nicht erst finden würdest.«

Der Abend mit Natascha hat mir zu denken gegeben ... und ich weiß noch, wie er mich bis heute in meiner Arbeit beeinflusst.

Wann immer ich meinen Klienten von der Akasha-Chronik und den Palmblättern erzähle, mache ich das mit großer Behutsamkeit. Ich weiß, dass diese Informationen die Klienten durchaus verwirren können, gerade dann, wenn diese sich sowieso in einer psychisch angespannten Lage befinden.

Wenn ich spüre, dass der Klient offen und empfänglich ist, erzähle ich ihm davon – der häufigste Impuls ist dann: »Wie komme ich an mein persönliches Palmblatt?« – das Interesse vergilbt dann aber schnell wieder, wenn ich sage, dass sie für ihr Palmblatt bis nach Indien reisen müssten.

Professionelle Akasha-Leser nutzen ihre Gabe und Ausbildung als

Zugang zu einer spirituellen Welt, mit der sie karmische Anhaftungen auflösen und die »wahren Themen« von Hilfesuchenden herausarbeiten möchten.

Zwar gibt es heutzutage auch die Möglichkeit, über Chat/Telefon/Skype an »sein« Palmblatt zu kommen; ich würde aber immer empfehlen, eine geführte Reise ins Land der Inder zu tätigen.

Ich habe diese Geschichte genutzt, um Sie ein klein wenig auf das Thema Reinkarnation und Wiedergeburt zu sensibilisieren. Wir in Deutschland, Österreich und der Schweiz beäugen das Thema für gewöhnlich mit Argwohn. Es ist nicht selbstverständlich, dass wir an die Wiedergeburt glauben, da es uns in dieser Form nicht in der Schule gelehrt wird.

Zwar hat das Christentum auch seine eigene Auslegung von einem Leben nach dem Tod (»Himmel«/»Hölle«), aber das ist nicht das, was wir meinen, wenn wir vom Reinkarnieren sprechen.

Im folgenden Kapitel schlage ich Ihnen deshalb ein Experiment vor ...

Gibt es »Reinkarnation«?

Das Experiment geht so:

Das nächste Mal, wenn Sie mit Freunden oder Bekannten (oder sogar mit der Familie – ich verspreche Ihnen, diesen Abend werden Sie nie vergessen!) in ein Restaurant gehen, schneiden Sie das Thema an.

»Sag mal, Onkel Olaf, ... glaubst du eigentlich an ein Leben nach dem Tod?«

Meine persönliche Empfehlung ist: Geben Sie keine weitere Assoziation vor, sondern werfen Sie das Thema einfach mal in die Runde. Sie werden wahrscheinlich lange Zeit brauchen, bis Sie sich von dem Thema wieder lösen können.

Wahrscheinlich ist auch, dass Sie veralbert werden. Dass Sie gefragt werden, wie Sie auf das Thema kommen; vielleicht gibt es auch den ein oder anderen Witz über das Thema an sich, eventuell werden Menschen skeptisch oder machen sich sogar Sorgen um Sie.

Gewiss haben Sie erkannt, dass ich den Vorschlag nicht allzu ernst meinte; machen Sie es ruhig, sprechen Sie das Thema an, aber erwarten Sie gleichzeitig nicht, dass eine hochphilosophische Diskussion entbrennen wird.

Lassen Sie uns ein wenig auf das Thema schauen; was genau ist ,Reinkarnation'?

Was ist Reinkarnation?

Das Konzept der Reinkarnation beschreibt die Idee der »Wiedergeburt«, also der Tatsache, dass es sowohl vor unserer Geburt als auch nach unserem Tode ein weiteres Leben gegeben hat und geben wird.

Ihre Seele entweicht nach dem Tod Ihrem physischen Körper und manifestiert sich anschließend in einem neuen Körper.

Je nach Religion, Auslegung und Ausprägung gibt es hier unterschiedliche Modelle; in Indien werden Sie vom Kastensystem hören, auf Bali teilweise auch, in den USA und hierzulande gibt es die Vorstellung, dass sich unsere Seele ›völlig frei‹ einen neuen Körper sucht, und dass sogar dieses Suchen wieder nur Teil des großen Ganzen, also vorherbestimmt ist.

Wenn Sie es also wirklich wagen möchten und Ihren Onkel auf dieses Gesprächsthema bringen möchten, während Sie vor Ihrem Schnitzel oder Ihrer vegetarischen Frikadelle sitzen, dann können Sie, falls Sie zurückgefragt werden, was Sie denn mit »Wiedergeburt« meinen, einfach antworten: »Gibt es ein Leben nach dem Tod?« – das trifft den Nagel auf den Kopf.

Ein typischer Anwendungsfall für eine »Rückführung« ergibt sich auch, wenn Klienten zu mir kommen und erzählen, dass sie immer wieder ein sogenanntes Déjà-vu erleben, also glauben, eine bestimmte Sache schon mal durchlebt zu haben. Übrigens: Auch damit können Sie ein Gespräch in der Familie oder unter Freunden starten ...

Ist Reinkarnation
wissenschaftlich bewiesen?

Mit der Frage, ob es Reinkarnation wirklich gibt (oder nicht gibt), ist es ein wenig wie mit der Frage nach Gott.

Gibt es (einen) Gott? Oder gibt es ihn nicht?

Die Mehrheit der Weltbevölkerung glaubt an eine Art Gott, aber ist das bereits ein Beweis? Wie lassen sich überhaupt wissenschaftliche Beweise durchführen? Kann man Gott oder die Existenz von Reinkarnation überhaupt wissenschaftlich beweisen?

Ich darf vorwegnehmen: Sowohl die Existenz Gottes als auch die Idee von Reinkarnationen, lässt sich nicht wissenschaftlich beweisen.

Bevor Sie jetzt aber die Motivation verlässt und Sie das Buch beiseitelegen, möchte ich Ihnen auch die andere Seite der Medaille präsentieren: Dass es Reinkarnation nicht gibt, lässt sich ebenso nicht beweisen!

Ein Beweis würde erfordern, dass alle alternativen Erklärungsmöglichkeiten für Rückführungserlebnisse ausgeschlossen werden können, mit 100%-iger Sicherheit.

Ich führe seit vielen, vielen Jahren Rückführungen durch, ich erlebe es immer wieder. Ich erlebe, wie Klienten hocherfreut sind, wie ihr Herz zu singen beginnt – oder aber manchmal auch, dass Klienten auf ihrem Stuhl in sich zusammensacken und jede Hoffnung verlieren, dass sie ihr Problem jemals lösen können.

All diese Reaktionen ereignen sich nicht, weil die Klienten schauspielern würden; nein – die Reaktionen kommen, weil etwas in ihnen auf Resonanz stößt. Die Klienten fühlen, dass ich recht habe. In der Alltagspsychologie würde man sagen: »Ich treffe einen wunden Punkt« – und der wunde Punkt weist uns häufig auf Defizite, zumindest aber auf einen »wahren Kern« hin.

Angst, Argwohn und Ablehnung

Was passiert, wenn Sie Naturwissenschaftler oder Psychologen mit Reinkarnation konfrontieren? Sie reagieren mit den drei großen As, die da sind: Angst, Argwohn und Ablehnung, meist auch in genau dieser Reihenfolge.

Es gibt viele Gründe für diese Ablehnung. Ein Grund liegt in der vorgefassten Annahme, dass nicht wahr sein kann, was nicht sein darf. Es würde unser Weltbild ziemlich zertrümmern, wenn sich herausstellen würde, dass mit Geburt und Tod nicht einfach Anfang und Ende besiegelt sind, sondern dass da noch »mehr« ist.

Eine der größten Hindernisse, die Reinkarnationstheorie anzuerkennen, liegt meines Erachtens darin, dass für die Interpretation (»Klient hat aus früherem Leben erzählt, und nicht etwa aus der Kindheit oder sich etwas ausgedacht«) das Vorhandensein einer Seele vorausgesetzt werden muss.

Es muss nicht zwingend »Seele« genannt werden; aber eben jenes Bewusstsein, welches vor dem jetzigen Leben bereits ein Leben in einem anderen Körper und in einer anderen Zeit hatte. Es würde sich hierbei um eine nicht-physische Energieform handeln, etwas, was den Tod des Körpers überlebt – und genau da schneiden sich die Wissenschaftler dran, denn wie sollte man eine solche ›Existenz‹ messen können?

Bisher kennen wir lediglich das Aufzeichnen und Analysieren elektrochemischer Zustände, etwa im Nervengewebe, im Gehirn.

Wenn es um derartige Themen geht, hält sich die »moderne Wissenschaft« (wobei die Frage immer ist: Ist sie so ›modern‹, wenn sie eklatante Erkenntnisse einfach ausblendet?) eher an das, was sich eingebürgert hat, was bequem ist, was liebgeworden wurde.

Und man muss zugestehen: In diesem Komplex ist sie wunderbar, einzigartig, faszinierend!

Wissenschaftliche Erkenntnisse haben uns auf der ganzen Welt den Wohlstand gebracht, den wir heute in vollen Zügen genießen können. Ich habe nichts gegen die Wissenschaft, ich freue mich nur auch immer über Therapiesitzungen, in denen ich mit eigenen Augen sehen und mit eigenen Händen fühlen kann, wie Klienten sich zurückversetzt fühlen – und wie sich das mit dem deckt, was ich ebenfalls sehe und fühle.

Wie kann das sein?

Mindestens 90 % der Personen, die sich von mir durch eine Rückführung leiten lassen, erleben etwas dabei. Sie sehen und fühlen etwas, sie ›machen etwas durch‹, und ich würde Sie verstehen, wenn Sie jetzt sagen würden: »Na gut, aber das kann ja xyz sein ...« – ja, das hätte ich früher auch so angenommen.

Es ist aber vielmehr so, dass Sie irgendwann, wenn Sie zwanzig Rückführungen pro Monat machen, nicht mehr an ›Zufälle‹ glauben. Dass Sie irgendwann akzeptieren, dass diese Menschen nicht einfach alle nur phantasieren und sich etwas ›zurechtspinnen‹.

Es gibt zwei Erklärungsansätze für das Erlebte; die eine Gruppe geht davon aus, dass die Person, mit der er sich während der Rückführung als identisch erlebt hat, wirklich existiert hat – und es gibt mehrere Fälle, bei denen man bei einer Nachprüfung die frühere Existenz der erlebten Person belegen konnte.

Die andere Gruppe betrifft nicht nachgeprüfte Fälle, dies ist dann auch die Mehrzahl; bei einem Klienten war es so, dass dieser zu mir kam, weil er Schuldgefühle gegenüber seiner Mutter verspürt hat.

»Warum nur?«, fragte er sich über mehrere Jahre hinweg, bis er zu mir kam und sich mir öffnete.

In einer Rückführung fanden wir heraus, dass er vor ungefähr zweitausend Jahren in China eine Frau hatte, die er zu Tode folterte; und diese Frau war noch immer mit ihm untrennbar auf Seelenebene verbunden, er fühlte sich noch immer schlecht für seinen Umgang mit ihr, und projizierte das alles auf seine Mutter im heutigen Leben.

China – zweitausend Jahre; selbst wenn diese Person aufspürbar wäre (und ich denke, Sie stimmen mir zu: Das ist so gut wie unmöglich!), könnte wohl nie und nimmer nachgeprüft werden, ob er seine Frau wirklich zu Tode folterte (er wird das damals wohl kaum im ganzen Dorf rumerzählt haben).

Außerdem war das China, das wir heute kennen, nicht das China, was es damals gab – die Suche wäre nicht nur eine Nadel im Heuhaufen, sondern sprichwörtlich den Atomkern im großen Universum.

Auch Joachim kam zu mir und schickte mir hinterher diese E-Mail:

Liebe Tina,

in den ersten 2 Wochen nach der Rückführung hat sich, so dachte ich, nichts getan. Dann bin ich aber irgendwann nach einem Traum aufgewacht und wusste, das nicht einfach ein Traumfilm abgelaufen ist, sondern dass ich ein Thema bewusst verarbeitet hatte.

Was sich für mich in einem klaren Erwachen und dem bewussten Aussteigen aus einer Traumsituation, die ich nicht mehr haben wollte, zeigte. Auch während der Arbeit zeigen sich bewusstere, erkennbare Situationen mit Kollegen oder Kunden, die ich seitdem bewusster wahrnehme.

Danke nochmals von Herzen
Joachim

Sie sehen: Wenn Sie sich darauf einlassen, ein offenes Herz haben und empfänglich sind für die Erfahrung, werden Sie spüren, ob ich »richtig« liege mit dem, was wir beide hervorbringen können. Bisher war noch kein einziger Klient im Nachhinein enttäuscht.

Häufige Einwände von Skeptikern

Wer skeptisch sein möchte, darf skeptisch sein. Ich war es anfangs auch, habe mich dann aber von den Sitzungen, die ich im echten Leben miterleben durfte, packen lassen. Es ist nicht unsere Aufgabe, alles und jeden zu überzeugen; dieses Anliegen wäre unrealistisch und würde uns kostbare Energie kosten und wertvolle Lebenszeit rauben.

Einige wenige typische Einwände möchte ich nennen; so sprechen Kritiker häufig davon, dass Klienten, die eine Rückführung durchführen, lediglich aus ihrer tristen Gegenwart entfliehen möchten – und dass der Therapeut diese unausgesprochene Bitte gern annimmt und zwei Stunden lang was vom Pferd erzählt und den Klienten damit befriedigt.

Diese Theorie weist insbesondere dadurch Lücken auf, dass generell wohl jedem ernstzunehmenden Rückführungstherapeuten die Anfragen ausbleiben würden, wenn sich rumsprechen würde, dass er pure Scharlatanerie betreibt.

Das Gegenteil ist nämlich der Fall; in der Regel freuen sich Klienten über die Rückführungen und reagieren emotional, sie gehen in Resonanz und spüren regelrecht, dass das, was wir gemeinsam erarbeiten, wahr ist.

Die Annahme, Klienten würden nur eine alternative »Seelenheilungsmethode« wählen, ist auch deshalb unangebracht, weil die Mehrheit der Rückführungen negative, ja fast schaurige Ereignisse zutage fördern.

Wäre jede Rückführung ein Ausflug ins bunt-grüne Pfannkuchenland – ja, dann würde ich diesen Einwand verstehen.

Aber so? Wieso sollten sich die Klienten gerne selbst quälen?

Zudem ist festzustellen: Für jeden belastenden Zustand, ob es »dick sein«, Trauerbewältigung, Trennung oder ob der Klient Opfer eines Missbrauchs geworden ist – um ihn zu heilen, müssen wir an die schwierigen Stellen aus seiner Vergangenheit ran.

Von »Flucht in die Vergangenheit« kann also mitnichten die Rede sein; es ist ein sehr bewusstes Anleuchten alter Wunden, mit einer großen, leistungsstarken Taschenlampe. Noch mal: Kein Klient tut sich das gerne an.

Skeptiker behaupten überdies, dass noch nie ein historischer Beweis für eine Rückführung erbracht worden wäre. Hier kann man auf prominente und weniger berühmte Fälle zeigen; Bridey Murphy und Jane Evans sind wohl diejenigen, um die man nicht umher kommt. Aber auch andere Berichte, die weniger Bekanntheit erlangt haben, zeigen uns, dass es nur ein wenig mehr Offenheit und Forscherdrang benötigt, um die Belege zu finden, die man haben möchte.

Darüber hinaus – das sage ich Ihnen aber hinter vorgehaltener Hand: Es ist immer leicht, Beweise nicht anzuerkennen. Man kann hinterher immer Ungereimtheiten finden.

Um das zu untermauern, lade ich Sie zu einem Gedankenexperiment ein: Was wäre, wenn ich Sie fragen würde, was Sie gestern um 17 Uhr gemacht haben? Oder, was Sie vergangenen Sonntag zu Abend gegessen haben? Oder – noch etwas greifbarer – ich frage Sie, wann Sie sich zum letzten Mal mit ihrem Chef oder Ihrer Chefin unterhalten haben? Wie würde hier Ihre Antwort lauten?

Vielleicht würden Sie sagen: »Also ich habe gestern noch mit meinem Chef gesprochen, es ging dabei um die Abrechnungen für das letzte Quartal.«

Es wäre an meiner Stelle ein Leichtes, dem zu widersprechen: »Sind Sie sich sicher? Ihr Chef? Wann war das denn gestern genau?« Wahrscheinlich würden Sie hier bereits ins Stocken kommen und sich leicht in der Defensive fühlen. »Um 14:30 Uhr ungefähr« – ach ja? Wer kann das denn bezeugen? Ihr Chef? Anwesende Kollegen? Woher weiß ich denn, dass Sie mich dahingehend nicht anlügen möchten? Vielleicht haben Sie Ihren Chef geleimt und ihm gesagt, dass er Ihre Version einfach decken soll? Und überhaupt – 14:30 Uhr? Warum war es nicht 14:45 Uhr oder etwas später? … ich denke – ich brauche das hier nicht fortzuführen; Sie wissen sicher, worauf ich hinaus möchte.

Wenn ein anderer Mensch Ihnen nicht glauben will, hat er es immer leicht, Sie anzuzweifeln. Und so ist es auch bei allen Arten von Jenseitskontakten oder Reinkarnationen: Wenn Sie bereits im Voraus merken, dass Ihr Gesprächspartner alles andere als offen für Ihr Themengebiet ist – dann prüfen Sie, ob Sie das Gespräch nicht lieber vermeiden möchten. Denken Sie darüber nach, ob Sie Ihre Lebenszeit und Ihre Energie in jemanden investieren möchten, der am Ende des Tages sowieso nicht Ihrer Meinung sein wird.

Es ist allzu menschlich, dass wir am Anfang glauben, die ganze Welt bekehren zu können. Wir sind so erfreut über unsere neuen Einsichten, das neue Wissen, das wir für uns selbst generiert haben, dass wir allen anderen Menschen diese Weisheit ebenfalls zuteilwerden lassen möchten.

Das Gegenteil ist aber der Fall: Durch unsere klugen Ratschläge werden wir eher als bevormundend, im schlimmsten Falle sogar als militant wahrgenommen. Ich rate Ihnen also dazu, Ihre Erkenntnisse rund um das Thema Reinkarnation und Wiedergeburt mit Menschen zu besprechen, bei denen Sie das Gefühl haben, dass diese offen dafür sind. Denn ansonsten besteht das Risiko, dass sowohl Sie als auch Ihr Gesprächspartner beide mit einem eher schlechten Gefühl aus einem Dialog rausgehen; und dafür lohnt sich der Aufwand nicht.

Letztendlich ist die Frage danach, ob es Reinkarnation wirklich gibt, so bewiesen oder unbewiesen wie die Frage danach, ob es uns wirklich gibt; sprechen Sie mal mit einem Philosophen über den Existentialismus, über Jean-Paul Sartre oder Gabriel Marcel. Die Frage nach dem »Sein« oder dem »Nicht-Sein« beschäftigt die Menschen seit jeher; und auch in diesem Jahrhundert werden wird diese wohl nicht vollständig auflösen können.

Bleiben Sie gern weiterhin skeptisch, aber auch etwas offen, und lesen Sie in den nächsten beiden Kapiteln, was zwei meiner Klienten für Reinkarnationserfahrungen gemacht haben.

Nach einer Sitzung haben diese ihre Eindrücke niedergeschrieben und mir freundlicherweise zur Verfügung gestellt; auch das Abdrucken stellte kein Problem dar, sind doch beide der Auffassung, dass eine Reinkarnationssitzung für jedermann geeignet sei.

Sehen wir uns also an, welche Erscheinungen, Bilder und Welten zweien der Menschen gekommen sind, die mir vertraut und eine Reinkarnationssitzung vollzogen haben.

Erfahrungsbericht
einer Rückführung

Spirituelle Rückführung von D. H.
vom 8. September 2017

Ich stehe vor dem Wolkentor, es hat einen runden, metallenen Türgriff. Das Tor fühlt sich schwammig an.

Es ist Wind, etwas biegt sich, eine Tanne, ein Turm?

Es ist spitz, ich schaue hinauf: Es ist eine Tanne.

Ich habe Sandalen an, ich bin ein Junge. Es sind junge Füße, breit und schmutzig. Meine Kleidung ist aus Leinen, in der Mitte mit einem breiten Gurt gebunden. Meine Haare sind hellbraun und lang.

Ich bin noch jung, ca. 20 Jahre alt und heiße Tim. Ich bin nicht verheiratet.

Ich bin allein, Wasser sprudelt aus der Erde, ich jage, bin Jäger. Ich sehe einen Pfeil!

Er fliegt durch die Luft und durchstößt einen Kopf. Auf dem Kopf sind Hörner, ein dunkles Tier. Es ist ein männliches Tier. Kinderhände halten sich an einem Arm fest, es ist ein fremder Arm. Ich sehe ein Kopftuch, eine ältere Frau. Sie steht und stützt sich ab.

Es ist Klara, meine Mutter.

Da ist Distanz, sie ist still und sagt nichts.

Es macht mir Angst, es ist unheimlich, sie sieht böse aus und hat ganz dunkle Augenränder.

Sie hat Angst!

Ich sehe ein Pferd, es geht sehr langsam; ein Mann sitzt auf dem Pferd, ich weiß nicht, wer er ist.

Er hat Metall am ganzen Körper und abstehende Ohren.

Ich bin in Westeuropa, sehe ein Holzhaus. Es ist rotbraun von außen, von innen spitz und hoch.

Ich schaue nach oben, da hängt Stoff, eine große Hand hält den Stoff, sie ist schmutzig.

Da ist ein Frauengesicht, ich habe ein wenig Angst, Unsicherheit. Es ist „Barbara", sie hat Angst.

Es ist 1785.

Ich falle von einer Klippe nach unten ins Wasser. Es ist kalt und ich habe Angst.

Alles dreht sich. Da sind viel Sand und Steine. Es ist keiner da. Die Angst geht weg.

Ich bin traurig, sehe einen schwarzen Anzug. Ich fühle mich so hingezogen zu dem schwarzen Anzug.

Ein Mann beugt sich hinunter, da liegt etwas an den Steinen. Er hält einen Kopf fest, mit beiden Händen. Er ist mir vertraut, es ist der Kopf von Stefan.

Ich weiß nicht genau, ob es der Kopf von Stefan ist. Ich sehe etwas nur von außen.

Tot, ich steige auf, alles ist verworren. Ich renne weg, habe Sehnsucht nach Ruhe und Einsamkeit.

Es gibt mir Schutz.

Ich will nicht zurück an den Ort mit dem Baum, auch nicht zu der alten Frau mit dem Kind.

Ich sehe verschiedene Menschen, aber ich kenne sie nicht. Sie sehen friedlich aus.

Es ist die Hochzeit meiner Mutter. Es ist irritierend, weil ich das Bild zum ersten Mal sehe.

Die Hochzeit findet draußen statt, ich schaue zu, bin 7 Jahre alt.

Ich sehe ein kleines Mädchen, 3 oder 4 Jahre alt. Wir sind auf dem Land. Ich sehe immer wieder das kleine Mädchen, sie hat blond gelockte Haare und ist meine Schwester.

Sie heißt Nina.

Meine Aufmerksamkeit richtet sich auf sie, wie immer. Sie ist glücklich. Ich sehe ein Gesicht, meine Mutter, böse Augen. Ich habe ein bisschen Angst!

Die bösen Augen sind weg, aber ich sehe immer noch ein Auge, es sieht niedlich aus.

Es ist das Jahr 1350.

Meine Schwester verschwindet immer wieder, es geht ihr nicht mehr gut, sie hat etwas auf dem Kopf, über dem Kopf, es sieht aus wie ein Jutesack.

Sie wird weggezogen.

Nach dem Tod nehme ich meine Schwester in den Arm, drücke sie. Sie schaut mich an, sie sieht anders aus, älter, 30 Jahre alt. Ich umarme sie wieder.

Sehe Bäume, Felder.

Meine Schwester hat ein kurzes Kleid an, aus glänzendem Stoff, ohne Ärmel. Meine Schwester ist erstickt, ich bin gefallen.

Ich sehe große, dunkle Rohre, ich schaue hinein, ein Sog strömt hinein, zieht mich mit.

Feuer!

Ich spüre eine Erleichterung.

Ich sehe eine Tür mit Fenstern und kleinen Scheiben.

Es ist ein Schrank mit offenen Türen, ich schaue hinein, aber der Schrank ist leer.

Enttäuschend, ich bin immer noch vor dem Schrank und immer noch allein – warum?

Ich fühle eine Leere, Dunkelheit und Einsamkeit.

Ich sehe wieder das kleine Mädchen.

Ich spüre Ausgleich und Erleichterung!

Ich spüre einen schönen Moment!

Sehe Backsteine und Holz, höre Werkgeräusche.

Ich bin ein Mann und habe Holz auf der Schulter und trage einen schwarzen Hut.

Es ist Ende des 19. Jahrhunderts.

Ich baue Häuser, zusammen mit anderen.

Ich bin ein junger Mann, 25 – 30 Jahre alt, bin schön, habe dunkle Haare.

Bin nicht verheiratet, fühle mich aber gut.

Ich sehe mich immer wieder mit Holz auf der Schulter, eine Holzbohle, gehe auf ein Haus zu, es ist ein altes Backsteinhaus mit gotischen Fenstern; das Haus läuft spitz zu.

Ich habe immer wieder das schöne Gesicht vor Augen, bin ich dieser Mann?

„Der Mann mit der Holzbohle" – er heißt Manuel und schaut mich an, sein Gesicht schaut in meine Richtung. Er ist ein ganz lieber Mann.

Ich bin erleichtert und spüre etwas Wohliges. Ich bin einfach erleichtert. Ich möchte nie wieder töten!

Ich sehe Wolken und ein helles Licht, es fühlt sich gut an und geht nach oben, öffnet sich.

Ich empfinde Sicherheit, Gefühl, Verzeihen, Liebe und Vertrauen.

Ablauf einer Rückführung

Wenn Sie mit dem Gedanken liebäugeln, eine Rückführung durchzuführen, so werden Ihnen viele Fragen kommen. »Funktioniert das auch bei mir?« oder »Wie kann ich mir so eine Rückführung vorstellen?«

Im Folgenden gebe ich Ihnen einen Überblick über Ihre ganz persönliche Seelenreise.

Für gewöhnlich unterteilt sich diese in fünf Phasen, welche fließend ineinander übergehen:

1. Erstkontakt
2. Das Treffen – Vorgespräch
3. Einleitung des Trancezustandes
4. Rückführung
5. Ausleitung und Nachgespräch

Die einzelnen Phasen seien kurz skizziert:

1. Erstkontakt

Wann immer Sie möchten, können Sie mich kontaktieren. Meine Kontaktdaten finden Sie auf www.TinaNelk.de – über ein erstes Telefonat werde ich mir einen ersten Eindruck von Ihnen und Ihrer Situation verschaffen und herausfinden, aus welchem Grund Sie anrufen.

Manchmal ist der Grund, den Sie glauben, nicht der »echte« Grund, sondern einer, der tiefer unterliegt. Sobald wir beide das Gefühl haben, dass ich Ihnen helfen kann, werde ich Sie in meine Praxis einladen und dort die Rückführung vorbereiten.

2. Das Treffen – Vorgespräch

Bevor wir loslegen gehen, besprechen wir in einem etwa 15-minütigen Vorgespräch den Ablauf und klären, welche Erwartungen und Ziele Sie an Ihre ganz persönliche Rückführung haben, und welche konkreten Probleme Sie mit einer Rückführung lösen möchten. Wie eben bereits angedeutet: Häufig führt den Klienten die Symptomlage zu mir, unter der Oberfläche schlummert dann aber das »wahre Anliegen«. So klagt ein Klient z. B. über regelmäßig-einsetzende Kopfschmerzen, und im Gespräch finden wir heraus, wann die Kopfschmerzen angefangen haben und mit welchem einschneidenden Erlebnis diese zusammenhängen können. Oder es geht um das Thema Gewichtsabnahme; eine Klientin fühlt sich in ihrem Körper unwohl und wir ermitteln, inwiefern das großzügige Speisen ihren Ursprung in einem früheren Leben haben könnte. Oder vielleicht erinnern Sie sich an das Fallbeispiel eines Klienten, das ich ein paar Seiten vorher angeschnitten habe; hier ging es um Schuldgefühle und der Klient konnte sich vorher keinen Reim darauf machen, woher diese im jetzigen Leben rühren könnten. Erst durch eine Rückführung wurde der »wahre« Grund erkannt.

Sind alle Fragen geklärt, sind wir startklar.

3. Einleitung des Trancezustandes

Was der »Trancezustand« ist, haben wir ein paar Kapitel weiter vorne besprochen; es geht hierbei um einen hypnotischen Zustand, aus dem Sie jederzeit wieder ›erwachen‹ können. Zu keiner Zeit verlieren Sie das Bewusstsein; im Gegenteil, es ist maßgeblich, dass Sie ›wach‹ bleiben, um so viele Erinnerungen wie nur möglich abzurufen. Nur in einem Zustand der Trance kann sich die Seele vom Körper lösen und in die Vergangenheit und in frühere Leben reisen. Das Unterbewusstsein bestimmt, wohin die Seelenreise geht, welche Themen für Sie wichtig sind, gelöst beziehungsweise geheilt werden sollen. Dabei können Sie alles um sich herum weiterhin wahrnehmen und auch reagieren, z. B. indem Sie auf meine Fragen antworten. Wir schauen hier nicht auf die Uhr; jede Seelenreise ist ein individuelles Unterfangen. Die Einleitung dauert aber in der Regel zwischen 10 und 25 Minuten.

4. Die Rückführung

In dem hypnotischen Zustand, in dem Sie sich befinden, führt Sie Ihr Unterbewusstsein in Ihre Vergangenheit und in frühere Leben. Dies können Orte, schöne und auch schlimme Erfahrungen sein.

Es ist wichtig zu wissen, dass für die allermeisten Klienten eine Rückführung kein »Zuckerschlecken« ist, was aber auf keinen Fall heißt, dass es »etwas Schlimmes« wäre. Wichtig ist, alles zuzulassen, was hochkommt.

Während der gesamten Dauer bin ich stets für Sie da; mehr noch: Ich führe Sie mit gezielten Fragen durch die Sitzung, denn ich möchte nicht nur wissen, was Sie sehen, sondern auch, wer Sie waren und wann Sie gelebt haben.

Meine ganz persönliche »Tina-Nelk«-Methode hat noch ein paar Leckerbissen parat, die ich hier an dieser Stelle nicht verraten möchte; einerseits, um die Überraschung nicht zu schmälern, andererseits aber auch, um nicht zu riskieren, dass ich Ihnen eine bestimmte Erfahrung vorprogrammieren würde. Sollten Sie sich dazu entschließen, mit mir zusammen eine Rückführung zu durchleben, sollen Sie zwar vorbereitet, aber nicht voreingenommen sein.

5. Ausleitung

Erst, wenn Sie auf Ihrer Seelenreise alles, was für Ihren weiteren Weg wichtig ist, gesehen und erlebt haben, hole ich Sie aus Ihrer Trance zurück.

Die Verarbeitung und das Einordnen des Erlebten werden eine gewisse Zeit in Anspruch nehmen und die Lösung Ihrer Probleme wird sich nach und nach herauskristallisieren. Sie werden spüren, wie Sie »ankommen«.

Dieser Prozess benötigt Zeit und sollte nicht direkt nach der Rückführung ›zerredet‹ werden. In einem kurzen Nachgespräch haben Sie aber auf jeden Fall die Möglichkeit alles zu fragen, um mit einem guten Gefühl nach Hause zu gehen.

Für Ihre Notizen:

_____

_____

_____

_____

_____

_____

_____

_____

_____

_____

_____

_____

_____

_____

_____

_____

_____

JENSEITSKONTAKTE

... SPRECHEN SIE MIT FRÜHER.

Mit Geistern reden

Haben Sie schon mal mit Verstorbenen kommuniziert? Kennen Sie jemanden, der diese Fähigkeit hat? Die folgenden Seiten besitzen das Potenzial, Ihnen Gänsehaut zu verleihen; denn ich kann mitunter tote Menschen sehen.

Nein – nicht wie der kleine Junge aus dem Film The Sixth Sense. Ich laufe nicht draußen rum und sehe neben den ganzen lebendigen Menschen auch tote Menschen.

Wenn ich mich aber eine Zeit lang in die Geschichte eines Menschen einfühle, kann ich mitunter seine verstorbenen Angehörigen neben ihm stehen sehen und auf den Kopf zu sagen, welche Haarfarbe beispielsweise seine Oma hatte und an welcher Krankheit sie in welchem Zeitraum verstarb. Diese »Gabe« hatte ich bereits als Kind, aber damals konnte ich sie nicht wirklich ausleben, weil meine Eltern noch aus der Kriegszeit kamen und ›einfach nur ihre Ruhe haben‹ wollten; mit meinen hellseherischen Fähigkeiten konnten sie nichts anfangen.

Als ich dann erwachsen war, habe ich mich von internationalen Medien ausbilden lassen, um meine Gabe nicht nur auszubauen, sondern überhaupt erst mit ihr umgehen zu können.

Seitdem ist es mir ein großes Bedürfnis, die Botschaften der Verstorbenen aus dem Jenseits weiterzugeben und Trauernden damit zu helfen, ihre Trauer besser bewältigen zu können.

Was macht ein Medium?

Wie bereits im Kapitel über die Reinkarnationen angerissen, lässt sich der Kontakt mit früheren Leben oder Geistwesen nicht wissenschaftlich beweisen – aber auch nicht widerlegen.

Die Kommunikation mit diesen Wesen (mit ›Toten‹) fasziniert die Menschen aber noch immer und bietet gleichzeitig die Gelegenheit, mit dem Verstorbenen in Kontakt treten zu können.

Während in deutschsprachigen Ländern das Wissen rund um Geistkommunikation weder verbreitet noch sonderlich anerkannt ist, gibt es in Großbritannien die »Spiritualist's National Union«, eine Gewerkschaft, die die Interessen der Medien dort vertritt. Im brasilianischen Pernambuco stehen Menschen mit paranormalen Fähigkeiten unter dem Schutz des Staates – es lohnt sich also der Blick über den Tellerrand.

Wie auch bei der Reinkarnation gibt es die Aussage darüber, dass grundsätzlich jeder Mensch dazu in der Lage wäre, mit der geistigen Welt zu kommunizieren. Man müsse lediglich das eigene Ego ausschalten und sich dafür öffnen.

Meiner Erfahrung nach ist es nicht empfehlenswert, sich einen »abzubrechen« und womöglich mit Energien zu spielen, deren Konsequenzen man im Voraus gar nicht absehen kann – sicherer ist, sich die Dienste eines Mediums zu sichern.

Als Medium bezeichnet man Menschen, die Kontakt zur geistigen Welt aufnehmen bzw. mit Geistwesen in Verbindung treten und von ihnen Botschaften empfangen können.

Um diese Botschaften zu empfangen, brauchen mediale Menschen keine genauen Vorgaben oder Vorkenntnisse; im besten Fall ermittelt das Medium diese selbst.

Ich kann Ihnen sagen: Die Blicke, die ich regelmäßig von Klienten in Sitzungen ernte, entzücken und befriedigen mich jedes Mal aufs Neue.

Erst kürzlich war Karla bei mir; eine wundervolle Frau, Mitte 30, sie hat ihre Mutter verloren. Diese verstarb nach kurzer, schwerer Krankheit, und sie hatte es versäumt, sich von ihr zu verabschieden, weil sie ganz plötzlich an einer Lungenentzündung starb.

Karla war es ein großes Bedürfnis, ihrer Mutter noch einmal danken zu können; für alles, was die beiden erlebt hatten, dafür, dass sie Karla großgezogen hatte und für das innige Verhältnis, das die beiden zusammenhielt.

Als Karla dann in meiner Praxis war und anfing zu weinen, als sie von ihrer Mutter erzählte, sah ich sie plötzlich, wie sie den Arm zärtlich um sie legte und mich liebevoll-verträumt anschaute. Sie sagte mir, dass sie ebenfalls voller Dankbarkeit darüber sei, dass Karla so eine gute Tochter gewesen ist, und dass sie es ebenfalls bedauere, dass sie keine Gelegenheit hatten, sich vor der plötzlichen Lungenentzündung voneinander zu verabschieden.

Ich möchte jetzt – aus Gründen der Diskretion – nicht näher ins Detail gehen, aber der Moment, als Karla realisierte, dass sie gerade von ihrer eigenen Mutter umarmt wird, brachte sehr viel Heilung, Dankbarkeit und Frieden hervor.

»Haben Sie sie wirklich gesehen?«, fragte Karla mich hinterher. Ich bejahte und konnte ihr weitere Details über das Leben ihrer Mutter nennen; Details, die ich vorher nicht kannte oder wissen konnte.

Es braucht auch nicht mal eine Sitzung; vor ein paar Wochen war ich in Heidelberg unterwegs und erblickte von Weitem eine Nonne, die ich aufgrund ihres schönen Habits fotografieren wollte.

Aufgrund meines Hundes, den ich dabei hatte, kamen wir ins Gespräch und unterhielten uns ein wenig, als mir auf einmal die Seelen ihrer Eltern erschienen. Ich fragte die Nonne, ob ich ihr beschreiben dürfe, was ich sehe; sie war neugierig und bejahte, und ich nannte ihr, wo ihre Eltern jeweils geboren und verstorben waren, woran, wie ihr Hof beschaffen war (sie betrieben einen Bauernhof) und deren Haus und Garten, welche Tiere dort umherliefen und welche Augen- und Haarfarben ihre Eltern hatten.

Ein anderes Erlebnis hatte ich in Gelsenkirchen auf einer Veranstaltung, zu der ich als Medium eingeladen war, um einen Vortrag zu halten. Während ich dort also auf der Bühne stand, fiel mir eine Dame aus dem Publikum ins Auge ... eine junge Frau, zu der ich Eingebungen hatte. Da ich in den Menschen eine Stimmung der Offenheit vernahm, fasste ich mir ein Herz und bat sie nach vorne.

Es ist schon eine Weile her, deshalb kann ich den Dialog nur sinngemäß zitieren:

»Ich ... ich habe Ihre Großmutter gesehen, sagte ich.«

»Wirklich?«

»Ja. Sie ist ... nicht einfach friedlich in ihrem Bett eingeschlafen, oder? Ich sehe, dass sie ..., dass sie von Ihnen gefunden wurde, auf einer Wiese liegend. Ich kann nicht erkennen, ob das in einem Wohngebiet ist oder im Garten ihres ehemaligen Hauses ...«

»Ja, das ist richtig so. Meine Großmutter hatte einen Herzinfarkt und ist schnell daran verstorben, jede Hilfe kam zu spät.«

Sie fing an zu weinen, sodass ich die ›Bühnenschau‹ für den Moment abbrach und ihr sagte, dass ich mich später, nach dem Vortrag, noch mal an sie wenden werde.

Nach dem Vortrag löste ich mein Versprechen ein und unterhielt mich noch etwas mit der Frau.

Wir sprachen eine Weile und ich teilte ihr mit, was die Seele ihrer Großmutter ihr – der Enkeltochter – sagen wollte.

Ich habe ihr während des privaten Gespräches auch gesagt, dass sie einen Stiefvater hat, der nicht sehr lieb zu ihr war, und dass sie ihren richtigen Vater kennenlernen durfte, dies aber nur von kurzer Dauer war.

Wie ich meine Aufgabe verstehe.

Es ist nicht meine Aufgabe, mit der verstorbenen Person zu plaudern. Viel mehr sehe ich mich als Vermittlerin, als Übersetzerin, als eine Person, die beide Parteien im Blick hat, zusammenführt, und sich dabei stets das Interesse des Klienten bewusst macht.

Vielleicht kennen Sie die Arbeit der Medien auch aus Fernsehshows; hierzu ist aber zu sagen, dass (ähnlich wie bei der Hypnose) besonders dramatische und übertriebene Bilder gezeichnet werden, um die Einschaltquoten hochzuhalten.

Das Bild ist aber auch deshalb verzerrt, weil es viele Filme gibt, in denen der Kontakt zu Geistern stets als etwas Unheimliche, wenn nicht sogar Böses dargestellt wird. Gerade amerikanische Horrorfilme spulen immer das gleiche Narrativ ab; von fünf Teenagern, die in ein dunkles Haus gehen und dort von dem dort vorherrschenden Geist getötet werden ... das hat alles nichts mit der Arbeit zu tun, die ein Medium verrichtet.

Aber – woran erkenne ich ein seriöses Medium?

Liebe Tina,

nochmals Dankeschön für den Jenseitskontakt.

Weil ich mich vor dem Tod der geliebten Person nicht verabschieden konnte, gibt der Jenseitskontakt mir das Gefühl, dass es dem Verstorbenen gut geht und er seinen Frieden gefunden hat.

So finde ich auch schneller Frieden und die Trauer wird ein bisschen leichter.

Liebe Grüße
Erika

Wie erkenne ich ein seriöses Medium?

Wenn Sie gerade in Trauer sind, kann es sein, dass Sie noch mal mit einem verstorbenen Angehörigen kommunizieren möchten. Vielleicht liegt der Tod aber auch schon einige Jahre – wenn nicht Jahrzehnte – zurück, und Sie befürchten, dass Sie auf ewig »nicht abschließen« können.

Ich sage Ihnen: Schluss damit!
Sie können zu jeder Zeit mit Ihren Angehörigen Kontakt aufnehmen; vorausgesetzt, Sie haben ein fähiges Medium und Sie befinden sich in einer Lebensphase, in der sowohl Sie als auch die andere Seele offen dafür sind. (Dies ist aber allein deshalb gegeben, weil Sie sich ansonsten nicht so sehr energetisch um dieses Thema kümmern würden ...)

Woran erkennen Sie aber dann ein seriöses Medium?

Sie können gern jederzeit zu mir in die Praxis kommen und mich vorher telefonisch kontaktieren. Ich verstehe aber, dass Sie vielleicht nicht in Niedersachsen bei mir um die Ecke wohnen, sondern in Bayern, an der Grenze zu Polen in Sachsen oder in einem Dorf bei Aachen, und dass Sie nicht wissen, ob sich eine lange Fahrt wirklich »lohnen« würde. Auch hier kann ich raten: Kontaktieren Sie mich. Meist merken wir beide bereits beim ersten Telefonat, ob ich Ihnen helfen kann. Seien Sie jedoch bei der Wahl Ihres Mediums skeptisch; mitunter müssen Sie vertraute und intime Dinge erzählen, und ich empfehle das nur bei denjenigen Medien zu machen, bei denen Sie ein gutes Bauchgefühl haben.

Im Folgenden gebe ich Ihnen also einige Hinweise, die Sie für sich prüfen können, wenn Sie einen Menschen ins Auge gefasst haben, der für Sie die Arbeit eines Mediums übernehmen soll.

Hier also ein paar Punkte:

1. In Deutschland ist der Begriff Medium nicht geschützt; ähnlich wie Journalist, Trainer oder Coach kann sich also jeder Medium nennen, der gerade Lust darauf hat.

2. Hören Sie auf Ihr Bauchgefühl; wahrscheinlich würden Sie das sowieso machen, aber Ihr Bauch (genauer gesagt: Ihr Solar Plexus) ist der direkte Draht zu Ihrem Unterbewusstsein, und Ihr Bauch weiß im Zweifel, was zu tun und was zu vermeiden ist.

3. Ein Medium sollte eine langjährige Ausbildung absolviert und diese mit einem Zertifikat abgeschlossen haben. Die Liste meiner Ausbildungen und Zertifikate sind lang, siehe Anhang – wie sieht es mit dem Medium aus, das Sie ins Auge fassen? Hat sich der Mensch ausbilden lassen, vielleicht sogar von mehreren Ausbildern in verschiedenen Ländern?

4. Medium wird man nicht an einem Wochenende, und nicht per Crashkurs. Schauen Sie, wie lange Ihr Kandidat sich hat ausbilden lassen; fragen Sie im Voraus nach dem Zertifikat. Es gibt Menschen, die zwar eine langjährige Ausbildung angefangen, aber nie zu Ende gebracht haben, und dennoch als Medium arbeiten.

5. Die eben angesprochenen Crashkurse gibt es übrigens tatsächlich; halten Sie sich also vor Augen, dass Sie in ein paar wenigen Stunden niemals die notwendige Tiefe erreichen können, die andere in einer mehrjährigen (!) Ausbildung erlangen, um anschließend verantwortungsvoll und reif mit sich und den Klienten umgehen zu können.

6. Ein seriöses Medium versteht sich in der Position desjenigen, der in der »Beweispflicht« ist. Ein Mensch, der als Medium arbeitet, sollte Sie niemals im Voraus um Informationen bitten (»Woran ist Ihre Tante denn gestorben?«), sondern sollte fähig sein, echte und von Ihnen anerkannte Beweise dafür zu liefern, dass es ein »Leben nach dem Tod« gibt.

7. Wenn Sie sich schon länger mit der Thematik befassen, Kontakt zu Verstorbenen aufzunehmen, dann ist es in der Regel so, dass auch der Verstorbene das »merkt« und bereit dazu ist, sich auf die Kontaktaufnahme einzulassen. Aber: Es kann auch sein, dass eine Kontaktaufnahme nicht klappt. Kein seriöses Medium würde sich in dem Fall krampfhaft an hanebüchenen Indizien festbeißen; der Kontakt bedarf wie gesagt der Einwilligung der Seele, und wenn diese nicht gewillt ist, hilft auch das beste und erfahrenste Medium nichts.

8. Bemühen Sie sich, geduldig und sorgsam mit dem Medium umzugehen. Es bringt nichts, auf den Menschen einzureden oder sogar zu »fordern«, er möge sich mehr anstrengen. Manchmal »soll es nicht sein«.

9. In diesem Fall sollte ein seriöses Medium die Möglichkeit bieten, einen Teil der Bezahlung zurückzugeben. Ob Sie diese Option ziehen oder nicht, obliegt Ihrer Entscheidung und kommt immer auf den Einzelfall, die aufgewendete Zeit und die wirtschaftlichen Verhältnisse beider Parteien an. Als Klient würde ich das Geld nicht »fordern«; ich hätte aber ein besseres Gefühl, wenn ich erkennen würde, dass sich das Medium im Zweifel kulant zeigen würde. (Nur Scharlatane bestehen bei nicht erbrachter Leistung auf ihr Geld!)

10. Jenseitskontakte spielen sich häufig in mehreren Sitzungen ab. Wenn Sie das Gefühl haben, das Medium möchte Sie in eine Abhängigkeit führen, indem es Sie mit unseriös-wirkenden Preismodellen konfrontiert (»Heute bereiten wir nur vor, erst in zwei oder drei Sitzungen werden wir die Seele wirklich erreichen können …«), sollten Sie sofort Abstand nehmen.

11. Wenn das Medium spürt, dass Sie Angst haben, sollte es auf Sie eingehen. Sie sind nicht einfach nur ein »zahlender Klient«, sondern ein Mensch mit Gefühlen, der Hoffnungen und Sehnsüchte auf den Jenseitskontakt projiziert. Dementsprechend sollte es Sie

mit Respekt und Empathie behandeln und es nicht darauf ankommen lassen, dass Sie richtige Angst verspüren.

12. Sie brauchen keinen »Schutz« vor ungebetenen Gästen. Es kommt darauf an, wo die Sitzung durchgeführt wird, ich z. B. mache selten Auswärtstermine, sondern lasse mich von meinen Klienten besuchen. Manchmal haben Teilnehmer dann hinterher Angst, der Geist oder die Seele könnte sie regelrecht bis nach Hause verfolgen und dort spuken. Diese Fälle sind weder mir noch anderen kompetenten Kollegen bekannt und Sie sollten darauf achten, dass Ihr Medium Sie nicht mit derartigen Befürchtungen »verrückt machen« sollte.

13. Je mehr Versprechungen und ›Festnagelungen‹ Ihr Medium tätigt (»Ich werde auf jeden Fall dafür sorgen, dass Sie ...«), desto skeptischer sollten Sie sein. Ein gutes Medium ist darauf geschult, Botschaften aus dem Jenseits mit dem nötigen Ernst in verständnis- und liebevoller Weise weiterzutragen und keine Showelemente einzulegen.

14. Eine gute Chemie zwischen Ihnen und dem Medium ist nötig. Wenn Sie das Gefühl haben, Sie werden – auf welche Weise auch immer – über den Tisch gezogen, veräppelt oder es werden Versprechungen gemacht, deren Einhaltung unrealistisch erscheinen, so sollten Sie in jedem Fall die Courage haben, aufzustehen und zu gehen.

15. Jenseitskontakte stoßen an den Rand der Esoterik; wenn Sie aber das Gefühl haben, Ihr Medium verliert sich in abstrusen Phantasiegebilden, so sollten Sie Abstand nehmen.

Zuletzt noch mal: Achten Sie auf Ihr Bauchgefühl.

Sagt Ihr Bauch »Ja«, können Sie bedenkenlos anfragen.

Der Bienenmensch
und die Eingebung

Manchmal herrscht die Vorstellung, Jenseitskontakte und Hypnosesitzungen seien ›aus einer anderen Welt‹ und würden nur von einer klitzekleinen Minderheit tatsächlich ausgeübt werden. Mit diesem Erlebnis möchte ich Ihnen zeigen, wie alltagsnah und praxistauglich meine Ausbildungen und Fähigkeiten sein können!

Während ich nämlich gerade diese Zeilen schreibe, habe ich Dienstleister im Haus, die mir dabei helfen sollen, ein eingenistetes Bienennest zu entfernen. Das Ganze zog sich über ein paar Tage, und den Chef, der die Verantwortung für die Erledigung des Auftrags hatte, hatte ich schon etwas länger im Blick. Nein – nicht so, wie Sie jetzt denken; mit ›im Blick‹ meine ich die Perspektive der Jenseitskontakte. Irgendwas ›spürte‹ ich, wenn ich mit ihm sprach. Und das machte mich neugierig. Vielleicht ist es eine Art Berufskrankheit, dass ich immer, wenn ich etwas ›spüre‹, gerne den Menschen näher kennenlernen und auf vorherige Begegnungen untersuchen möchte ... in der Regel halte ich mich da aber zurück.

Er war herzlich, nett, lachte stets verschmitzt, wir hatten eine gute Chemie ... da fasste ich mir ein Herz und fragte ihn ganz offen:

»Sagen Sie mal ... würden Sie mit mir ein Experiment machen?«

»Ein ... was?« – ich musste lachen.

»Nichts Schlimmes ... ich habe nur ... etwas ... ich kann Ihnen das hier nicht so einfach zwischen Tür und Angel sagen. Würden Sie mir kurz in meinen Praxisraum folgen?«

Er war irritiert, vielleicht sogar ein wenig verunsichert.

»Worum geht es denn, Frau Nelk?«, sagte er, als er sich eine Minute später in meinen Praxisräumen umschaute.

»Ich will nicht lange um den heißen Brei reden, aber ... ich sehe dauernd Ihre Großmutter.«

»Meine ... wie bitte? Das wird jetzt aber absurd!«

»Ihre Großmutter ist nicht in Deutschland geboren, habe ich recht?«

»Frau Nelk«, er wurde leicht blass.

»Stimmt das denn?«, lächelte ich ihn ermunternd an. »Ja, das stimmt. Woher wissen Sie das?« – »Ihre Großmutter ist über 80 gewesen und hat … auch nicht Deutschland gelebt, oder?«

Auch hiermit lag ich richtig.

»Ihr Haus damals … war recht rustikal eingerichtet. Kein großes Haus.« Auch das stimmte. So ging es dann eine kurze Weile weiter. Ich konnte ihm sagen, woran seine Großmutter gestorben ist, wofür ihr altes Haus heute genutzt wird (als Ferienhaus nämlich) und wie viele Enkelkinder sie hinterlassen hat.

Auch ein Wort zu ihrer Beerdigung konnte ich sagen, zu dem Friedhof, auf dem sie stattfand. Mit relativ offenem Mund blieb er zurück. »Frau Nelk«, sagte er, »es erstaunt mich, dass Sie so etwas können« – und ich entgegnete ihm: »Na sehen Sie mal, in welchen Räumen Sie überall Aufträge bekommen!«

Wir sehen also: Reinkarnation, Jenseitskontakte, das frühere Leben … all das passiert nicht nur in einem isolierten Raum unter Esoterikern …

… achten Sie das nächste Mal drauf, wenn jemand Sie ganz intensiv anstarrt. Vielleicht sieht er etwas, was Sie gar nicht erahnt hätten. Und dann sprechen Sie die Person darauf an. Erinnerungswürdige Momente vorprogrammiert!

Weitere Einsatzmöglichkeiten

Mitunter arbeiten Medien auch mit der Polizei, mit Staatsanwaltschaften und Ermittlungsteams zusammen, etwa dann, wenn es um Entführungen oder Vermisstenfälle geht.

Die Zusammenarbeit von Hellsehern und der Exekutivbehörden hat sogar beinahe Tradition: In den 1920er-Jahren war es gang und gäbe, Menschen mit hellseherischen Fähigkeiten in die Ermittlungen einzubinden.

Bekannt wurde 1921 etwa das Medium Minna Schmidt aus Frankfurt, das im Mordfall zweier Heidelberger Bürgermeister den Fundort der Leichen bestimmen konnte.

Auch andere berühmte Hellseher wie Hermann Steinschneider alias Hanussen waren immer wieder mit spektakulären Kriminalfällen beschäftigt.

Das berühmteste Beispiel neuerer Zeit in Deutschland ist der Fall der Entführung des Arbeitgeberpräsidenten Hanns-Martin Schleyer durch die Mitglieder der RAF im Jahr 1977. Erst nach dem Auffinden der Leiche drang durch, dass die leitenden Ermittler Kontakt zu einem niederländischen Hellseher aufgenommen hatte, der ihnen wichtige Hinweise zum Aufenthaltsort geben konnte; so beschrieb dieser zum Beispiel das Auto, in dem Schleyer während seiner Entführung transportiert worden war.

Im Februar 2019 verschwand Rebecca R. spurlos aus dem Haus ihrer Schwester in Berlin-Neukölln. Auch hier boten zahlreiche »Seher« ihre Dienste an.

Die andere Seite der Medaille

Wenn Klienten mich um Hilfe bitten, dann sind das mitnichten immer nur »Friede-Freude-Eierkuchen«-Veranstaltungen. Im Gegenteil; ich gehe nicht nur tief in die Trauer desjenigen hinein, ich decke Schicksalsschläge auf, die die Beteiligten verdrängt oder verschwiegen haben.

So kann ich mich erinnern, dass ich mal einen Klienten hypnotisierte, und während seiner Hypnose erkannt habe, dass dieser ein Gewalttäter, ein Mörder war, der Prostituierte umgebracht hat. Bei den nächsten Sitzungen hatte ich dann fortan immer Personen im Haus, die mir das Gefühl von Sicherheit geben sollten – aber ein bisschen mulmig war mir dann schon zumute. Es ist dann in diesem speziellen Fall nichts passiert; und meine tiefe Überzeugung ist auch, dass Gerichte die Schuld feststellen und Sanktionen erheben müssen, und dass das nicht meine Aufgabe ist, Staatsanwalt zu spielen oder meine Klienten moralisch zu geißeln.

Manchmal passiert es auch, dass ich über Missbrauchsfälle aufklären muss. »Wollen Sie wirklich die Wahrheit über den Onkel erfahren?« – dieser Onkel hat über Jahre hinweg die Freundin der Nichte missbraucht.

Aber auch hier sehe ich mich als Botschafterin; ich werte nicht, ich urteile nicht. Ich bin die Brücke zwischen der geistigen und der realen Welt, ich arbeite empathisch und mit Vorausschau, kann aber an gewichtigen Stellen nicht zensieren und bin auch der tiefen Überzeugung, dass der Klient Anspruch auf die ganze Wahrheit hat.

Trauerbewältigung mit Geistführern

Lassen Sie mich einen Einblick in die Trauerbewältigung geben und in die Welt der Geistführer, welche auch manchmal Seelenführer genannt werden. Das sind spirituelle Wesen, die früher schon mal als Mensch auf der Erde gelebt haben und aufgrund sehr vieler Inkarnationen einen hohen Entwicklungsstand der Seele erreicht haben. Es gibt sehr viele Geistführer; Ihr Geistführer wählt Sie aus, da Sie sehr viele Gemeinsamkeiten auf vielen Ebenen haben. Er inkarniert nicht mehr und hat in der geistigen Welt die Aufgabe eines Lehrers übernommen. Der Geistführer kann in Form des Großvaters, der Großmutter oder einer anderen, nahestehenden Verstorbenen Person erscheinen und möchte hilfreich zur Seite stehen. Der Geistführer verurteilt niemals; er erinnert uns liebevoll an unsere Aufgaben, sofern wir bereit sind, die Botschaften neu zu empfangen.

Die Botschaften können in Form von Bildern, Zeichen, Gefühlen, Gedanken und Symbolen entstehen. Die Geistführer freuen sich, wenn man ihren Anmerkungen folgt, und sie erscheinen noch viel häufiger und intensiver. Sie werden durch die Verbindung mit ihrem Geistführer auf eine höhere Schwingungsebene gebracht, um auch selbstständig in Kontakt mit ihrem Geistführer treten zu können.

Einen Geistführer sehe ich als eine sehr reine und göttliche Energieform, als Helfer Gottes. Stellen Sie sich vor, Sie gehören einer großen Seelenfamilie an, und diese Seelen möchten uns auf unseren spirituellen Weg begleiten und helfend zur Seite stehen, wenn wir es zulassen. Ich finde, dass wir diesen spirituellen Weg in Demut gehen und der geistigen Führung unser Vertrauen schenken sollten. Der Geistführer ist immer geduldig mit uns. Er tadelt nie; er führt uns liebevoll und sanft an unsere Lebensaufgabe heran.

Denken Sie bitte daran, dass sie am Anfang nicht alles können müssen: Es wird Zeit und viel Übung sowie Geduld benötigt, um mit Ihren Geistführern in Kontakt treten zu können. Vertrauen Sie Ihrer geistigen Führung und Ihrer Intuition: Es wird funktionieren. Bitte bleiben Sie immer positiv; dann werden Sie ganz bestimmt den Kontakt zu Ihrem liebevollen Geistführer bekommen. Es wird eine große Bereicherung für Ihr weiteres Leben darstellen.

Hilfe und Trost durch Führung durch »Spirit«

Im Folgenden werde ich das Wort »Spirit« verwenden; ich meine damit die Offenheit für die spirituelle Denkweise und die Energie, die Sie spüren, wenn Sie sich einmal auf die Thematik eingelassen haben. Viele Menschen, die Trost in ihrer Trauer benötigen, finden sich im Spirit wieder. Viele Menschen, die berufliche Probleme, Stress oder Sorgen haben oder ein mangelndes Selbstwertgefühl aufweisen, dürfen sich für Spirit öffnen. Häufig finden wir keine Ausdrucksform für Schock, Trauer, Erschütterung und machen uns auf die Suche danach, was uns dabei hilft.

Heilung durch Spirit – (wie) ist das möglich?

Unsere moderne und schnelllebige Zivilisation mit ihren vielen Belastungen durch Arbeit, Stress und Hektik führt dazu, dass wir uns schlechter ernähren, weniger bewegen, mehr rauchen und seltener unsere Liebsten sehen.

Kurz gesagt: Körper, Geist und Seele schwingen häufig nicht auf einer Ebene, und das führt bei manchen Menschen im Laufe ihres Lebens zu erheblichen Gesundheitsstörungen, sowie chronischen Erkrankungen.

Typische Krankheitsbilder sind Arthrose, Rheuma, Gelenkbeschwerden, Krebserkrankungen, Burnout – ja sogar Schlaganfälle können durch Überbelastung entstehen.

Ich glaube: Es liegt nicht immer nur an der Genetik, die wir so gerne als Ursache deklarieren. »In meiner Familie war das schon immer so« – wir gehen dann zum Arzt und hoffen, dass er uns nach einer umfangreichen Diagnosestellung eine Pille verschreibt.

Wir leiden in der heutigen Zeit erheblich mehr unter sogenannten Zivilisationskrankheiten. Wenn ich Erlebnisberichte von früher lese, dann erfahre ich, dass Menschen fröhlicher waren, ihr Wochenende gefeiert und gelacht haben. Es fand eine innere Ausgeglichenheit statt und es war Harmonie in ihnen: Der Körper war mit dem Geist und der Seele auf einer Ebene. Die Menschen wurden zwar nicht so alt (obwohl auch einige dieser Menschen früher ein hohes Alter erreicht haben), aber dafür hatten sie ein lebenswertes Leben. Heutzutage ist es so, dass wir zwar alt werden – die letzten zehn oder zwanzig Lebensjahre aber nur unter mehr oder weniger starkem Gebrechen erleben können. Dies funktioniert dank unserer modernen Medizin. Vor vielen Jahrzehnten haben die Menschen die Fähigkeit, ihre Selbstheilungskräfte zu aktivieren, häufiger angewandt. Die Menschen gingen zum Heiler, um Warzen oder ihre Gürtelrose besprechen zu lassen. Vielleicht schmunzeln Sie jetzt an dieser Stelle; aber das hat in der Tat geholfen, da auch der Glaube in dem Menschen eine sehr große Rolle gespielt hat.

Viele Menschen gingen auch zu ihrer ›Kräuterfrau‹, die einen Trank zubereitete. Auch hier hat der Glaube geholfen. Bei den Indianern wurde im Krankheitsfalle der Schamane hinzugerufen; auch dort glaubte man daran, und in sehr vielen Fällen trat dann auch die Heilung ein. Im Mittelalter, in den Schlössern und Burgen, wurde ebenfalls der »Heiler« gerufen, wenn es einen Kranken gab.

Kürzlich war ich in der Papst-Stadt Altötting in Bayern, in einer kleinen Kapelle, in der sehr viele Tafeln an den Wänden angebracht waren. Die Menschen bedanken sich für die entstandene Heilung durch den Geist – auch das ist Glaube. Wo ist der Glaube heute? Ja – es tritt ein gewisser Wandel ein, was die Spiritualität angeht, aber es fehlt so häufig noch der Glaube daran, dass Heilung passieren kann. In meiner Praxis ist es für mich selbstverständlich, die Selbstheilungskräfte des Klienten zu aktivieren, indem ich meine Hand auflege. Ich habe das nirgendwo gezeigt bekommen; ich fing vor Jahren intuitiv damit an und bekam dann von immer mehr Klienten das Feedback, dass ihre Rückenschmerzen weniger wurden oder sich ihre Verspannungen lösten und so weiter. Als ich dann die Ausbildung zum Jenseitsmedium machte, wurde dies ebenfalls als fester Bestandteil integriert; im ersten Moment war ich sehr überrascht, dass Heilung dazugehören sollte, aber ich ließ mich drauf ein. Seither passierten in meiner Praxis unglaubliche Dinge, da ich jetzt in der Lage bin, mit Energien zu arbeiten und Sie darin unterstützen kann, Ihre innere Harmonie herzustellen.

Was passiert, wenn wir Trauer erleben?

Ob wir einen Menschen oder auch ein geliebtes Tier verlieren – der Schock sitzt tief und wir versuchen uns auf einen Weg zu machen, der uns dabei hilft, Trost zu erlangen.

Wir empfinden den Todesfall als einen massiven Einschnitt in unsere Biographie, kommen aus dem Gleichgewicht, werden rastlos, suchen, können das »zu Hause« schlecht ertragen, grübeln, denken nach, kommen dabei aber nicht wirklich zur Ruhe.

Es fehlt die Ablenkung, um aus diesen wiederkehrenden auftretenden Gedanken allein herauszukommen. Man möchte irgendetwas tun, um den Weg aus der Trauer und all den Erinnerungen zu finden.

Die Verbindung zu Spirit, also der göttlichen Energie, kann dabei eine durchaus hilfreiche Reaktion hervorrufen. Spirit ist die reinste göttliche Energieform, die es gibt. Wenn Sie Hilfe und Trost benötigen, wird Ihnen Spirit helfen, wieder Ihre innere Harmonie zu erlangen. Spirit wird Ihr Leben friedvoll gestalten und Sie werden eine innere Kraft und Stärke verspüren. Spirit ist dabei natürlich kein Wundermittel: Alles dauert seine Zeit. Wenn Sie sich dem höheren Selbst, der göttlichen Energie öffnen, werden dies sehr schöne Erfahrung sein, die Sie nicht mehr in ihrem täglichen Leben missen möchten.

Das höhere Selbst, die göttliche Energie, ist omnipräsent, sobald Sie darum bitten; auch körperliche Gebrechen, Krankheiten, Ängste und die täglichen Geschehnisse können verarbeitet werden, damit Sie eine Heilung eingehen können.

Spirit (die göttliche Energie) ist auf einer sehr hohen Schwingung und immer für Sie da; bitten Sie dazu um innere Führung, zum Beispiel in Form eines Gebetes oder einer Meditation, einem Chakrenausgleich, Hypnose oder Reinkarnation. Ihr Bewusstsein wird mit der Zeit in Einklang und Harmonie, sowie Verbindung zu Spirit der göttlichen Energie bekommen.

Ihr Leben wird sich auf dieser Ebene sehr verändern: Sie werden die Dinge, die sie belasten, gelassener wahrnehmen und Ihr Selbstwertgefühl wird sich anheben. Es tritt ein »Wohlfühleffekt« ein, den Sie genießen werden. Alles Belastende wird durch die Liebe zu sich selbst kleiner werden; Sie werden leichter an Ihre Gefühle kommen und langsam zu Ihnen zurückfinden und wieder am Leben teilnehmen.

Verlust spüren & Trauer leben im ›Hier und Jetzt‹

Menschen, die einen Trauerfall erlitten haben, können es nur schwerlich »fassen«. Nie wieder wird der Mensch zur Tür hineinkommen, nie wieder wird die vertraute Stimme in der Form zu hören sein. Es ist egal, ob ein Autounfall zugrunde liegt oder eine schwere Erkrankung vorlag; auch dann, wenn der Mensch aus Altersgründen aus dem Leben scheidet – der nahestehende Mensch ist nicht mehr bei Ihnen, und das erfüllt den Trauernden mit Schmerz. Sie fühlen sich hilflos und sind nicht mehr in der Lage, bewusst etwas zu steuern oder auszuführen. Der trauernde Mensch ist völlig aus dem Gleichgewicht geraten. Es kommen immer wieder die erschütternden Gedanken zurück – »Warum passiert dieser Todesfall gerade jetzt?!« Das Denken und Handeln funktionieren in dieser Zeit sehr schlecht oder fast gar nicht. Sie spüren nur den starken Schmerz, der sich durch diesen erschütternden Todesfall in Ihnen ausgebreitet hat; Sie fragen sich ständig: »Warum?« Hilflosigkeit und »sich ausgeliefert« fühlen wird zum Leitmotiv in diesen Tagen. Der Schock des Todesfalls sitzt tief, und trotzdem müssen in dieser schweren Zeit Entscheidungen getroffen werden: Wie soll die Beisetzung stattfinden, in einem Sarg oder einer Urne, gibt es eine Seebestattung? Wen soll ich zur Beerdigung einladen? Sie funktionieren dann einfach nur, um möglichst alles im Sinne des Verstorbenen richtig zu machen. Sollten Sie Schuldgefühle plagen, so machen Sie sich bewusst, dass Sie mit der Zeit verständnisvoller sich selbst gegenüber sein werden.

Sehr viel Hilfe und Unterstützung werden Sie von anderen nahestehenden Menschen bekommen. Sie fühlen sich zwar immer noch hilflos und ausgeliefert; jedoch wird in dieser Situation für Sie die Heilung beginnen. Alles braucht seine Zeit; der Schmerz wird verblassen.

Sie denken mehr und mehr an die schönen Zeiten zurück, die Sie mit dem Menschen erlebt haben. Für Sie ist es wichtig, viel Verständnis von Außenstehenden zu bekommen, dann werden Sie wieder irgendwann am Leben teilhaben.

Es ist auch für Sie sehr wichtig, Verständnis für sich selbst aufzubringen, Gefühle wieder zuzulassen, liebevoll mit sich selbst umzugehen. Es ist zu Anfang leichter gesagt, als getan, aber es wird Ihnen mit der Zeit zunehmend leichter fallen, an die schöne gemeinsame Zeit zu denken, Erlebnisse, die Sie mit Freude geteilt haben.

Denken Sie an Gegenstände die sie geschenkt bekommen haben, oder an ein Foto, das Sie zusammen mit dem Menschen zeigt. Das alles wird sehr positiv in Ihrer Erinnerung bleiben. Denken Sie an die Zeiten, in denen Sie miteinander gelacht haben, so werden Sie sich stets mit dem geliebten Menschen verbunden fühlen. Sprechen Sie mit dem geliebten Menschen; sprechen Sie aus, was Sie bewegt, das befreit Sie auch sehr. Begeben Sie sich an Orte, an denen Sie das Gefühl haben, dem geliebten Menschen nahe zu sein. Gehen Sie spazieren, unternehmen Sie Reisen, hören Sie Musik; alles, was Ihnen gefällt, ist erlaubt. Wenn es für Sie möglich ist, berührt Sie dies sehr und erzeugt auch wieder Wohlbefinden in Ihnen. Versuchen Sie, sich mit Menschen zu umgeben, die Ihnen Verständnis entgegenbringen, die Sie in Ihrer Situation verstehen. Dadurch wird es mit der Zeit immer leichter und weniger schmerzhaft. Der Schmerz verblasst und Sie werden mit dem Verlust des von Ihnen geliebten Menschen entspannter umgehen. Sie werden wieder am Leben teilnehmen, auch wenn Ihnen im Moment noch nicht der Sinn danach steht. Es hilft Ihnen, sich zu entscheiden, wo ihr Weg hingehen soll, ob medial Hypnose oder Reisen: Tun Sie etwas für sich. Sie werden wissen, was für Sie das Richtige ist.

Dinge, die zu Ihnen passen, auszuleben, was die Verstorbenen von uns gewollt hätten, ist ein sehr heilsamer Vorgang. Auch wenn der Tod sehr überraschend kam: Die Seelen der Verstorbenen möchten Ihnen dabei helfen, Trauer und Schmerz zu lindern. Es gibt eigentlich keinen Grund dafür, traurig zu sein; der Verstorbene ist an einem Ort, an dem es ihm gut geht; Sie sind allerdings aktuell nicht in der Verfassung, dies derart wahrzunehmen.

Die Seelen möchten Ihnen mitteilen, dass es ihnen dort gut geht, wo sie sich befinden. Es dauert alles seine Zeit. Die Uhr bleibt stehen, genau zu der Zeit, zu der der von Ihnen geliebte Mensch gegangen ist. Es gibt Zeichen, die die geliebte Seele hinterlässt. Es kann passieren, dass die Treppe knarrt, dass es sich anfühlt, als ob jemand sich auf der Treppe befindet.

So machen sich die Seelen der Verstorbenen bemerkbar. Es kann auch sein, dass sie einen Traum von dem Verstorbenen haben; auch auf diese Weise machen sich die Seelen bemerkbar. Sie spüren auf plötzlich Wärme oder Kälte ohne erklärbare Ursache; auch das sind Zeichen der verstorbenen Seelen.

Was wir für die Verstorbenen tun können.

Wir können mit den Verstorbenen sprechen. Es ist noch so viel Liebe und Sehnsucht vorhanden; die verstorbenen Seelen nehmen in gewisser Weise an unserem täglichen Leben teil, auf einer Ebene, die wir nicht einfach fassen und greifen können, aber dennoch sind sie da.

Lernen Sie, Vertrauen in Ihre Wahrnehmung aufzubauen. Lassen Sie Ihr Gefühl entscheiden, wo Ihr Weg hingehen soll; es ist nicht immer alles rational zu erklären, was auf anderen Ebenen passiert. Sie müssen zulassen, was Ihnen Ihr Herz sagt, und nicht der Verstand; denn das würde Sie auf der spirituellen Ebene blockieren und das Anliegen verzagen, Ihnen Mut zu machen. Nehmen Sie einen Gegenstand des Verstorbenen in die Hand und denken Sie ganz intensiv an eine Situation, die Sie mit ihm erlebt haben: Sie werden gewiss ein Zeichen bekommen. Die geliebten verstorbenen Seelen wissen, dass ihre Trauer schmerzhaft ist und viel Zeit und Raum braucht, um in Heilung zu gehen. Lassen Sie Ihre Gefühle zu. Nehmen Sie Ihre Trauer an. Ich weiß, dass es für Sie nicht leicht ist, mit dieser für Sie neuen Situation umzugehen.

Wenn die verstorbenen Seelen ihre Bereitschaft spüren, in Heilung zu gehen und Ihre Trauer zu verarbeiten, geht es Ihnen auf der physischen Ebene auch gut. Denn die Seelen sehen, was mit Ihnen passiert, und Sie möchten, dass es Ihnen gut geht. Fangen Sie wieder an zu leben, erleben Sie schöne Dinge, seien Sie dankbar für die Zeit, die Sie miteinander verbringen durften.

Sie werden sehen und spüren, wenn sich Ihr Weg richtig anfühlt.

Sie werden Ihren Weg finden und die geliebten verstorbenen Seelen werden sehr glücklich sein, dass es Ihnen endlich besser geht.

Was Tiere alles spüren können

Vielleicht kennen Sie auch die Redensart, dass Tiere wesentlich mehr »Energien« spüren können, als es erwachsene Menschen tun (das Gleiche erzählt man sich übrigens auch über kleine Kinder ...)

Ich kann das nur so bestätigen und möchte dazu von einem Erlebnis berichten, das ich Ende 2018 in Mariakirchen hatte.

Mariakirchen gehört zum Markt Arnstorf und ich hatte dort ein Seminar, zu dem ich auch meine drei Whippets mitgenommen habe; die Tiere bedürfen regelmäßige Versorgung, und ich konnte sie nicht zu Hause lassen.

Ich machte eines Morgens also den gewohnten Spaziergang, als ich von Yara, einer meiner Hündinnen, plötzlich in eine bestimmte Richtung gezogen wurde; das erstaunte mich doppelt, denn einerseits ist Yara keine Hündin, die sich besonders störrisch oder gar dominant verhält – und andererseits wollte sie unbedingt in einen Bereich des Weges, der asphaltiert war – und genau den versuchte ich die Zeiten vorher immer bewusst zu vermeiden, da sie aufgrund einer Arthrose im Beinchen immer ein bisschen humpelte und ich ihr keine unnötigen Schmerzen zufügen wollte.

Meine Neugierde überwog dann aber doch; schließlich wollte ich wissen, was mein Hund im Sinn hatte, und Yara zog uns dann an eine Kirche, welche durch ein Tor mit Schmiedeeisen geschützt war. Yara schien auch durch das Tor hindurch zu wollen.

»Yara, nein, das gibt Ärger«, rief ich zu ihr herunter – und das bekam auch eine Frau mit, die sich zufällig gerade auf der anderen Seite des Tores aufhielt. »Grüß Gott!«, rief sie rüber, »was ist denn los? Ist Ihr Hund neugierig?«

»Ja, ich fürchte schon«, lächelte ich sie an, immer mit der Mühe, Yara vom Tor zurückzuhalten, »aber das gibt Ärger, ich glaube, Hunde sind hier verboten.«

Die Frau bewegte sich langsam auf uns zu, schaute nach links und rechts und flüsterte dann: »Wissen Sie was? Ich nehme es auf meine Kappe … treten Sie ruhig ein, der Hund kann sich ja mal umsehen …«

Ich war überrascht, hatte ich doch eigentlich erwartet, dass uns die Frau eher wegscheuchen, als willkommen heißen würde. In unserer neugebildeten Fünferrunde (zwei Frauen, drei Hunde) betraten wir also jetzt das Gelände und Yara zog es gleich in Richtung der kleinen Kapelle, ungefähr 50 Meter von dem Tor entfernt.

»Kommen Sie mit?«, rief ich noch zu der Frau, als ich dem Hund an der Leine folgte.

Die Eingangstür der Kapelle bestand aus dickem Eichenholz, und auch hier verwunderte es mich kurz, dass Yara überhaupt wahrnahm, wo der Eingang war. Vielleicht hat sie es gerochen, dachte ich mir. Aber sie bestand darauf, dort hineingehen zu dürfen.

Ich schaute die Dame, die also kurzerhand zu unserer Besuchsführung erkoren wurde, an, und sie nickte nur. »Schauen wir mal …«, sagte sie sogar, und wir betraten die heiligen Hallen.

Die Kapelle war wunderschön eingerichtet, auch wenn ich kaum Zeit hatte, mich umzusehen, weil ich die Hunde alle unter Kontrolle halten musste. Meine Whippets waren stets gut erzogen, aber ich wollte den Geduldsfaden der Dame nicht überspannen; immerhin waren wir nur ausnahmsweise in der Kirche.

Yara ging weiterhin schnurstracks zunächst zum Beichtstuhl, danach zum Weihwasser, aus dem sie trank, … und dann stellte sie sich vorne vor den Altar, als würde sie dort eine Botschaft empfangen wollen.

Die Dame und ich schauten uns etwas lächelnd, aber auch ungläubig an; es war leicht bizarr, wie genau der Hund unseren Weg diktierte.

Anschließend wollte Yara, dass wir die Kapelle verließen. Wieder draußen steuerte sie auf den Friedhof. »Yara«, rief ich ihr zu, in dem Glauben, dass ich der Dame signalisieren müsse, dass immer noch ich (und nicht der Hund!) die Kontrolle über die Situation habe.

Aber es war nicht nötig; mein Hund steuerte zielstrebig auf ein Grab zu, das nicht weit von uns entfernt war. Und auf einmal, als wir dort ankamen, fing die Frau an zu weinen. Es war nämlich das Grab ihres Vaters, wie sie mir dann erzählte.

Diese Erzählung ging von da an natürlich durch den ganzen Ort, und auch am nächsten Morgen trafen wir uns wieder dort an dem

Friedhof, wo Yara erneut in die Kapelle wollte, dort an den Beichtstuhl, ans Weihwasser, an den Alter – und zuletzt an das Grab des verstorbenen Herrn.

Es war ganz zehn Tage lang (so lange ging mein Seminar) jeden Tag das gleiche Ritual. Auch für mich war es eine unglaubliche Erfahrung, hatte ich vorher noch nie erlebt, wie gut die Kommunikation zwischen »Himmel und Erde« funktionieren kann, wenn man das Vertrauen in sein Tier legt.

Apropos Tier: Zwei der Whippet-Hunde sind im Frühjahr 2019 verstorben, was mir wiederum den Anlass gibt, im nächsten Kapitel ein paar Zeilen über den Verlust des eigenen (Haus-)Tiers zu formulieren.

Verlust eines Tieres

Für Menschen, die selbst nie ein eigenes Haustier besessen haben, kann es übertrieben wirken: Der Verlust eines Tieres wiegt fast genauso schwer wie der Verlust eines geliebten Menschen.

Als begeisterte Hundeliebhaberin und -besitzerin möchte ich dieses Kapitel den Menschen widmen, die ein Tier, etwa einen Hund oder eine Katze, verloren haben.

Der Verlust fühlt sich zwar genauso schwer, aber dennoch anders an, weil Sie eine andere Beziehung zu einem Tier hatten, als zu einem Menschen. Vielleicht haben Sie sich regelmäßig neben das Tier schlafen gelegt, oder Sie haben häufig mit dem Tier geschmust, Sie haben es liebevoll umsorgt, haben es jeden Tag an einer Leine ausgeführt oder ähnliches.

Es war Teil Ihrer Routine – und der Verlust reißt jetzt ein großes Loch in diese Routine hinein.

Auch wenn Sie berufstätig waren – übrigens ist es völlig egal, welches Tier Sie durch Ihr Leben begleitet hat – die Trauer ist sehr schwer zu ertragen. Sie fragen sich, ob Sie in ihrer Entscheidung, das Tier zu erlösen, alles richtig gemacht haben: Ja – Sie haben alles richtig gemacht!

Ihr Tier ist jetzt erlöst von seinem Leiden auf der Erde, es ist jetzt auf der spirituellen Ebene. Auch hier ist ein Jenseitskontakt zu Ihrem Tier möglich, da auch hier der Kontakt über den Tod hinaus besteht.

Ihr Tier hat auch eine Seele, und die Seele ihres Tieres lebt weiter. Die verstorbenen Tiere zeigen Ihnen, dass sie noch anwesend sind, nur nicht mehr in physischer Form. Sie bekommen ihre Gefühle, Trauer, Leid sowie Freude sehr wohl mit.

Sehr häufig zeigen die Tiere, in Form von Erinnerungen, Gedanken und Gefühlen, was sie gern gemacht haben mit ihnen. Die Tiere zeigen Ihnen auf, dass sie noch da sind und am Leben ihres Menschen teilhaben. Wenn Sie darauf achten, werden Sie die Anwesenheit und die Liebe des Tieres spüren. Sobald Sie offen für diese Zeichen sind, werden Sie viele erstaunliche Dinge wahrnehmen; ansonsten haben Sie auch hier die Möglichkeit, zu einem Medium speziell für Tiere zu gehen, um Kontakt zu Ihrem verstorbenen Tier zu bekommen.

Die Liebe eines Tieres zum Menschen geht über den Tod hinaus und das noch eine sehr lange Zeit; auch nach dem Verlust eines Tieres braucht der Mensch sehr lange, um diese Trauer zu verarbeiten. Auch in der geistigen Welt spürt Ihr Tier, wenn es Ihnen schlecht geht oder sie traurig sind. Stellen Sie sich vor, Ihrem Tier geht es jetzt in der geistigen Welt richtig gut, es hat keine Schmerzen mehr, und Ihr Tier kann sich wieder richtig gut bewegen und ist glücklich, so wie es ist. Ihr Tier wird in der geistigen Welt Trost spenden.

Es ist nur nicht mehr körperlich, sondern bei uns nur noch als Seele anwesend. Denken Sie an die schönen Zeiten, die Sie mit Ihrem Tier erleben durften, und versuchen Sie, froh darüber zu sein, dass es Ihrem Tier jetzt gut geht.

Ihr Tier muss nicht mehr leiden und hat keine Schmerzen mehr. Sie haben Ihr Tier bis zum letzten Atemzug begleitet. Sie sind durch Freud und Leid mit Ihrem Tier gegangen, sie waren immer für ihr Tier da, Sie haben alles richtig gemacht, auch dann, als Sie es von seinem Leid erlöst haben. Machen Sie sich bitte keine Vorwürfe; es war die richtige Entscheidung und es war gut, dass Sie auf Ihren Tierarzt gehört haben.

Ihr Tier wird sie jetzt nicht mehr in der physischen Welt oder in seinem physischen Körper begleiten, sondern als Seele in der geistigen Welt.

Es gibt Menschen, die nicht verstehen können, dass Sie so traurig sind. »Es war doch nur ein Tier«, hören Sie sie sagen. Das ist nicht böse gemeint; die Menschen haben in der Regel nicht die Erfahrung gemacht, ein eigenes Tier besessen und eine starke Bindung zu ihm aufgebaut zu haben. Er weiß nicht, wie es ist, gute wie auch schlechte Zeiten mit dem Tier zu durchleben.

Mit Jenseitskontakten können Sie auch den Kontakt zu Ihrem verstorbenen Tier wieder aufnehmen.

Ich bin nicht tot,
ich tausche nur die Räume.

Ich leb' in euch,
und geh' durch eure Träume.

Ausklang

Bestimmt mussten Sie an der ein oder anderen Stelle schmunzeln, bestimmt waren Sie an der ein oder anderen Stelle skeptisch, vielleicht waren Sie auch irritiert und kurz davor, das Buch wegzulegen. Wenn es so war: Bravo! Dann habe ich mein Ziel erreicht.

Denn für mich kann man Menschen nur dann erreichen, wenn man sie an ihren Emotionen packt. Ob Sie jemals zum Telefonhörer greifen und ein Medium, einen Hypnotherapeuten oder einen Rückführungstherapeuten anrufen, bleibt Ihnen überlassen. Ich bin ein Mensch, der Erkenntnisse erstmal »verdauen« muss, bevor er zur Tat schreitet; vielleicht geht es Ihnen ähnlich.

Der Tod eines geliebten Menschen, eines Angehörigen, ist immer ein Einschnitt in die eigene Biographie. Es sind nicht die Abende mit Freunden, nicht die Hochzeiten, nicht der Kauf des Reihenhauses, der Sie »erdet« – es ist der Todesfall eines Menschen, der Ihnen nahestand.

Jeder Mensch handelt anders in seiner Trauer; die einen sind betrübt, die anderen sind munter, wiederum andere verfallen in Depressionen oder begegnen dem Thema mit einer Leichtigkeit. Was Sie auch wählen; machen Sie sich klar, dass Sie immer die Kontrolle über sich und Ihr Leben haben, dass Sie immer aus mehreren Optionen wählen können, welchen Umgang Sie mit dem sensiblen Thema »Tod« wählen.

In einem Kapitel schlug ich vor, dass Sie während des Familienessens das Thema ›Leben nach dem Tod‹ anschneiden können; das war sicher etwas scherzhaft gemeint, aber ich verweise auch immer auf die Ernsthaftigkeit des Themas: Andere Menschen reagieren anders auf das Thema als Sie. Wenn Sie womöglich »lustig über das Thema quatschen«, erinnern Sie vielleicht einen Nahestehenden auf unangenehme Weise an den eigenen Tod und verursachen dunkle Gefühle, die Sie gar nicht beabsichtigten.

Ich plädiere daher stets für ein empathisches Abtasten der Runde: Ist das Thema in Ordnung? Stoße ich jemandem vor den Kopf? Kann ich notfalls auch in den ersten Sekunden nach Aufkommen des Themas spüren, ob es nicht besser wäre, das Thema zurückzurufen?

Wie auch immer Sie sich entscheiden: Es ist gut, dass Sie sich auseinandersetzen mit der Rückseite des Lebens. Dass Sie sich Gedanken darüber machen, was nach dem Tod passieren kann und sich einordnen möchten. Dieses Buch sollte Ihnen Denkanstöße gegeben haben.

Wenn Sie neugierig auf mich und meine Arbeit geworden sind, freue ich mich über einen Anruf; über meine Webseite www.TinaNelk. de finden Sie stets meine aktuellen Kontaktmöglichkeiten. Auch dann, wenn Sie sich nicht persönlich bei mir melden, freue ich mich, dass Sie mein Buch bis hierhin gelesen haben und verbleibe mit dem Wunsch, dass Sie und Ihre Liebsten in bestmöglicher Gesundheit noch möglichst lange leben –

Ihre

Tina Nelk

Meine Ausbildungen

Lassen Sie mich Ihnen zum Abschluss noch einiges mit auf den Weg geben, was ich auf den vorhergehenden Seiten nur anreißen konnte.

Mediale Ausbildung

Bettina Suvi Rode Essen – 10/2016 bis 12/2017

Aura Therapeut & – Heiler Vilgertshofen/ Bayern / Body - Soul - Center – 09/2018

Morphische Felder Lesen in der Akasha Chronik Hannover Wolfgang Künzel – 10/2017

Medialität Entwickeln Gordon Smith & Steve Levett in Basel – 01/2018

Medialität II Gordon Smith & Steve Levett in Basel – 04/2018

Geistiges Heilen Aufbaukurs Gordon Smith in Basel – 04/2018

Compact Course Sensitivity & Mediumship Gordon Smith Südtirol / Missian – 04/2018

Mediale Woche mit Pascal Voggenhuber & Andy Schwab Kisslegg / Bodensee – 04/2018

Compact Course Sensitivity & Mediumship Gordon Smith Hannover – 05/2018

Trance Healing Gordon Smith München – 06/2018

Psychic and Mediumistic Paul Jacobs & Jackie Wright – 07/2018

The Practice of Mediumship & Personal Consultation Gordon Smith & Janet Parker – 09/2018

Spirituelle Heilung + Medialität Gordon Smith Meran, Südtirol, Mai 2019

August 2019, Basel (CH) Gordon Smith

Aus- und Weiterbildungen in Hypnose

Hypnose und Magnetopathie nach Werner J. Meinhold

Einführung in die H ITT nach Werner J. Meinhold

Hypnose & Hypnosetechniken u. Gefahren der Hypnose, Bayern / Arnstorf

Hypnosecoach®, Bayern / Arnstorf

Blitz & Schnellhypnose, Bayern / Arnstorf

Analytik / Reinkarnation, Bayern / Arnstorf

Prüfung zur geprüften und zertifizierten Hypnotiseurin, Bayern / Arnstorf

Spirituelles Heilen, Chakra-Diagnose und Harmonisierung (Bongardt, Ausbilder im DGH)

Ausbildung zum Clearing – Leiter (Sinaida Adomat, Ausbilderin für Rückführungs- und Clearingsleiter)

Behandlung von Ängsten u. Phobien mit Hypnose, Bayern / Arnstorf

Symbiotische Phase – Hypno-Integrative-Tiefenpsychologische Therapie (Werner J. Meinhold)

(HP Psych in Vorbereitung)

Spirituelle Rückführungen in Vor- und Zwischenleben (Ursula Demarmels – Österreich)

Gesundheit und Ethik im Alltag (Univ. Prof. Dr. Gerhard W. Hacker – Österreich)

Ausbildung zur Reinkarnationstherapeutin Bayern / Arnstorf

Reconnective Healing (The Essence of Healing Level I & II Dr. Erik Pearl / USA

The Reconnection Level III Dr. Eric Pearl und dem Lehr-Team / USA

Trutz Hardo Bad Wünnenberg, Reinkarnationsleiterin / Gruppen, Einzelrückführung

Dankesbriefe ehemaliger Klienten

Liebe Tina,

du hast mir in meiner jetzigen Lebenssituation ein ganzes Stück weitergeholfen.
Bisher verlief nach deiner letzten Hypnosesitzung alles POSITIV!!
Man sagt mir auch, ich habe mich zum Vorteil verändert - DANKE!
Da ich kein Mensch der großen Worte bin,
lege ich jetzt alles tiefe kommende von Herzen
in diesen Satz: VIELEN LIEBEN DANK!!

Ganz liebe Grüße
Amanda R.

Liebe Tina,

vielen Dank für deine Hilfe beim Abnehmen.
Ich war ja nach den vielen Diätversuchen nicht motiviert, erneut eine Diät zu machen.
Durch die Hypnose ist es mir tatsächlich gelungen, kontrollierter oder besser gesagt „normal" zu essen und nur hi und wieder Süßigkeiten zu naschen.
Ein paar Kilos sind schon runter und ich hoffe, es klappt weiterhin so gut.
Die Entspannung bei deiner Therapie ist super gewesen.
So gut hatte ich mich schon lange nicht mehr gefühlt... ganz lieben Dank und alles Gute für's neue Jahr!

Viele Grüße
Heidi

Liebe Tina,

Ich hatte deine Zeitungsanzeige schon sehr lange bei mir liegen. Nachdem ich dann noch an Krebs erkrankt und eine schwere Depression noch im Anschluss folgte, fasste ich im März 2016 den Mut, mich von dir in eine Hypnose begleiten zu lassen.

Ich hatte das Gefühl, dass durch meine Erkrankung alles zusammen gefallen war, kein Stein stand mehr auf dem anderen. Eine Blockade in mir, ich konnte und wollte nicht in mein altes Leben zurück. Zu dem neuen Leben hatte ich aber noch kein Gefühl und keine Vorstellung. Vor meiner Krankheit lebte ich nach dem Motto „es allen recht zu machen und jeden Wunsch zu erfüllen"

Ich hatte mich und meine Bedürfnisse nicht mehr gespürt und ignoriert, sowie die körperlichen Signale ständig verdrängt.

Meinen Glauben hatte ich auch verloren und ständig Zweifel ich daran, dass mein Leben eventuell leichter funktionieren könnte.
Nach den drei Sitzungen bei dir, spürte ich schon ein leichtes Gefühl für mich wieder. Ich ließ mich auch von dir in einer Inkarnation zurückführen.

Diese Erfahrung hat mich anschließend in schweren Situationen oft wieder geerdet. Meinen Glauben an mich und eine höhere Macht wurde dadurch vertieft. Meine Selbstheilungskräfte hast du damit in Gang gesetzt. Jetzt, ein Jahr später, nach den Sitzungen, verspüre ich viele Veränderungen und es verändert sich immer noch weiter zum Besseren hin.

Seelisch fühle ich mich wieder belastbarer. Schmerzen und Funktionseinschränkungen in meinem Daumengelenk lösten sich langsma auf, sodass mir dadurch eine Operation erspart blieb.

Nun bedanke ich mich bei dir für deine Kompetenz, für dein Wissen, deine langjährige Erfahrung, deine Begabung und dein Einfühlungsvermögen, es hat mir viele Ängste nehmen können.

Ich habe nun mehr Geduld mit mir und anderen Personen; lerne mich seitdem immer besser kennen, dazu gehören auch meine Stärken und Schwächen, die ich aus einer anderen Perspektive jetzt betrachte.

Danke!!!

Liebe Grüße
Evas

Liebe Tina,

als ich am 10.4. bei dir war, war ich verzweifelt, traurig und voller Angst.
Ich sah keinen Weg mehr, um wieder zu mir zu finden.
Innerlich war ich sehr abgestumpft und habe in meinem Alltag nur funktioniert;
wusste nicht mehr, wo ich meine Kraft hernehmen sollte, um abzunehmen und
mich um eine gesunde Ernährung zu kümmern.
Als ich dann deine Anzeige gelesen hatte, wusste ich, dass du mein Weg bist, um
aus allem raus zu kommen.
Nach drei Sitzungen geht es mir deutlich besser; ich bin fröhlicher, habe Spaß
an der Bewegung und ich tobe gerne mit meinen Kindern herum.
Dank deiner Therapie ernähre ich mich gesund und habe Spaß dabei.
Das Schönste ist: Ich habe jetzt 4,5 Kilo abgenommen! Es ist wunderbar, dass
ich meine Sucht nach Süßigkeiten unter Kontrolle habe.
Mal esse ich ein Stück Kuchen oder Schokolade, kann dann aber auch wieder
kontrolliert aufhören, was früher nicht ging.
Mein Mann freut sich sehr für mich, dass ich durch deine Therapie an
Lebensqualität gewonnen habe und abnehme.
Ich danke dir von ganzem Herzen und freue mich auf unsere nächste Sitzung!

Herzliche Grüße
Jessica

Liebe Tina,

Ich bin so froh, dass ich auf dich über einen Artikel gestoßen bin, und direkt angerufen habe.
Ich habe mich lange gequält mit meinem Gewicht, viel außer Langeweile und einfach mal zwischendurch gegessen. Es war schlimm.
Unsere erste Begegnung war sehr herzlich und freundlich. Du hast mir alles in Ruhe erklärt und wir haben besprochen, was ich in Zukunft erreichen möchte.
Die erste Sitzung hatte ich im Oktober 2012. Zu der Zeit wog ich etwa 103 kg.
Durch die Hypnose hast du mich von meinem Schweinehund befreit und nun im Dezember 2012 wiege ich schon knapp 90 kg nur! Mein Selbstwertgefühl steigt Tag für Tag und ich fühle mich wohler.
Meine alten Kleidungsstücke werden größer und größer. Durch eine Hypnose hast du mich von meinem Schweinehund befreit und nun im Dezember 2012 wiege ich schon knapp 90 kg nur! Mein Selbstwertgefühl steigt Tag für Tag und ich fühle mich wohler.
Meine alten Kleidungsstücke werden größer und größer.
Ich habe eine ganze Kleidergröße weniger... bin echt stolz auf mich und was ich durch deine Hypnose erreicht habe.
Mein Schweinehund war leider immer viel zu groß, aber du hast ihn bekämpft!
Ich bin dir echt dankbar!
Danke dafür, dass ich nun wieder mit viel Freude in die Zukunft blicke und für mein neues Selbstwertgefühl und Selbstbewusstsein!
Ohne dich hätte ich noch immer mit jedem Kilo gekämpft!!

Liebe Grüße
Karola

Liebe Tina,

heute möchte ich dir von ganzem Herzen meinen Dank aussprechen.
Ich habe in den vergangenen Wochen 3 Termine bei dir wahrgenommen.
Schon nach der ersten Behandlung habe ich mich tiefenentspannt und sehr
wohlgefühlt, konnte gut und schlafen und bin am nächsten Tag mit einem
wohligen Gefühl in den Tag gestartet.
Dieses wohlige Gefühl in mir ist von Tag zu Tag stärker geworden.
Seitdem ich bei dir war, kann ich mein Leben wieder mit
Leichtigkeit und Freude genießen.
Ich verspüre wieder Lebensfreude und lasse mich auch in schwierigen
Situationen nicht aus der Ruhe bringen.
Du hast die Festplatte meiner schlechten und quälenden Gedanken gelöscht
und ich bin dir sehr dankbar.
Du strahlst sehr viel Wärme und Vertrauen aus, sodass ich mich schon bei der
ersten Behandlung vollkommen fallen lassen konnte.
Danke für ALLES!!! (sollte ich je etwas für dich tun können, dann melde dich
bei mir!)

Alles Liebe für dich
Deine Ronja

Hallo Tina,

bevor ich von dir und der Hypnosemethode gehört habe, was ich bereits in Behandlung bei einer Psychologin im Bereich „Tiefenpsychologie2. Diese Behandlung hat, während ich regelmäßig dort war, gut angeschlagen und ich habe ich etwas besser gefühlt.

Als ich dann einigermaßen genesen war (dachte ich), bin ich für ein halbes Jahr nach Münster gefahren, um dort an einem Lehrgang teilzunehmen. Gegen Ende dieses Lehrgangs hat mich meine Psyche wieder eingeholt, und ich konnte mich wieder kaum noch konzentrieren; Arbeiten, die mir normalerweise leicht fielen, haben einfach nicht mehr geklappt, und damit kam dann auch die Unsicherheit, ob das alles so einen Sinn hat, was ich da tue...

... ich war wieder in einem Loch angelangt.

Daraufhin bin ich zu meinem alten Chef gefahren, um ihm einige Exponate meiner Arbeit zu zeigen, dort wurde ich auf dich aufmerksam, und habe dich direkt angerufen und einen Termin bekommen.

Nach der 2ten Sitzung konnte ich wieder alle Arbeiten erfolgreich ausführen, und die Prüfstücke, die zuvor einfach nicht klappen wollten, gingen mir von der Hand, als hätte ich nie etwas anderes gemacht.

Dementsprechend ist es dann auch nach der 3ten Sitzung optimal weitergelaufen, und letztendlich habe ich den Lehrgang zum Juwelen- und Schmucksteinfasser mit 96% erfolgreich bestanden.

Aber auch so ist die Gesamtspannung in meinem Körper erheblich zurückgegangen, und ich kann an alle Dinge oder Projekte, die ich mir vornehme, mit viel kühlerem Kopf rangehen und erledigen.

In diesem Sinne vielen Dank und lieben Gruß

Sebastian F.

Liebe Tina,

heute möchte ich mich einreihen im Kreis derer, die du glücklicher und zufriedener machen konntest.

Ich kam zu dir mit Erschöpfungszuständen und deutlichem Übergewicht. Ich wog vor einem Jahr 147 Kilo und war als Mutter von vier Kindern (drei davon in der Pubertät) sehr ausgepowert.

Schon als ich dein Haus betrat, fühlte ich mich geborgen und sicher. Es war meine erste Hypnose und ich war total aufgeregt. Du hast mit deiner ruhigen, warmherzigen Art gleich das Eis gebrochen und konnte mich fallen lassen.

Ich habe es dir ja schon erzählt, noch heute lächle ich bei dem Gedanken an das Erlebte, es erfüllt mich mit Glück.

Ich wiege heute 118 Kilo und bin voller Elan.

Liebe Tina - ich danke dir von ganzem Herzen und ich freue mich aufs nächste Mal bei dir.

Sehr gern bin ich bereit, dir vorher und nachher Bilder von mir zu senden, um anderen Menschen Mut zu machen.

Denjenigen, die diesen Brief lesen und unschlüssig sind, oder Angst vor einer Hypnose haben, möchte ich sagen: Traut euch, ihr werdet es nicht bereuen. Ich bin mit Tina nicht verwandt oder verschwägert, sie ist es aber wert, unterstützt zu werden in ihrer Arbeit.

In diesem Sinne liebe Tina, geruhsame Adventszeit und ein schönes Weihnachtsfest im Kreise deiner Lieben wünscht dir!

Herzlichst, Sigrid aus Herne

Weiteres Rückführungserlebnis

Ich stehe vor dem Wolkentor.
Es fühlt sich leicht an und ein Gebäude sieht aus wie eine Kirche.
Ich bin am Meer und sehe Schiffe, Segelschiffe in einem Hafen, weiße Häuser, Felsküste, es ist hell.

Ich trage braune Schuhe, eine weite Hose, ein weißes Hemd und eine Weste. Das Material ist grob, derber Stoff. Ich habe braune Haare, schulterlang. Ich bin ein Mann. Ich bin 30 Jahre alt und heiße Marco.

Ich bin allein, und stehe am Hafen vor einem Segelschiff. Ich habe das Schiff gebaut. Ich bin nicht verheiratet, und habe keine Kinder.

Ich wohne in einem kleinen Dorf an der Küste von Spanien.

Es ist 1749. Ich bin stolz und frei. Es gibt keine Gefahr für mich.
Das Schiff wird beladen, viele Fässer, die auf das Schiff gebracht werden. In den Fässern ist Rum. Es geht in Richtung Westen.

Ich bin auf dem Schiff, stehe an der Reling und schaue auf das Messer und die Segel.
Ich bin im Sturm, es ist dunkel, es ist Gewitter, es blitzt.

Das Schiff liegt schräg im Wasser, das Schiff kentert, der Mast bricht ab, die Segel sind zerfetzt. Viele Fässer rollen über Bord.

Ich versuche, mich festzuhalten, viele Menschen fallen ins Wasser, ich auch. Ich sehe ein rechteckiges Stück Treibholz und schwimme darauf zu. Die Besatzung kommt hinzu und es gibt einen Kampf. Jeder versucht sich an das Stück Holz zu klammern.

Ich werde weggestoßen und getreten. Ich werde unter Wasser gedrückt, mein Hals wird zugedrückt von dem Mann auf dem Holzbrett.

Er tritt um sich, ich verliere den Halt, bekomme keine Luft und treibe von dem Holz ab. Meine Kräfte schwinden, ich bekomme Panik und verliere das Bewusstsein.

Ich ertrinke und habe keine Stimme mehr. Ich fühle mich leicht und schwebend. Ein Mann holt mich ab, es ist ein Freund von mir, er heißt Antonio.

Ich freue mich, ihn wieder zu sehen.

Ich schwebe auf ein helles Licht zu, spüre Wärme und Geborgenheit. Es wird wärmer. Er sagt mir, dass ich nicht tot bin.

Ich bin in einem Park, grüne Landschaft und viele Blumen.
Wir treffen auf andere Menschen.

Sie kommen auf mich zu und freuen sich, mich zu sehen.

Ich sehe meine Mutter, sie kommt auf mich zu und freut sich, umarmt mich.

Wir verständigen uns durch Gedanken und Blicke, es wird nicht mehr gesprochen.
Ich werde gefragt, was ich erlebt habe und nach Erfahrungen.

Da ist eine Gruppe von Kindern, sie sitzen im Kreis und alle sehen mich an.

Ich werde gefragt, was Leben bedeutet. Ich sage, es dauert lange, das zu erklären. Ich sage den Kindern, dass ich Zeit habe und es erzählen möchte. Ich habe sehr viele Leben gehabt und möchte nie wieder in ein Leben zurück.

Ich habe ein Gefühl von Müdigkeit, das Gefühl, alle Aufgaben erledigt zu haben. Ich fühle, dass ich mein Wissen weitergeben will, um anderen zu helfen.

Vor meinem Tod wollte ich mein eigenes Leben retten und die anderen vom Treibholz stoßen. Ich bin nach meinem Tod auf einer großen Wiese, über den Wolken. Es ist hell, weißes Licht, goldenes Licht, ich war Musik, die klingt wie kleine Glocken.

Es ist nicht die Musik, die ich in Spanien gehört habe!

Ich kann im heutigen Leben den Mann auf dem Treibholz zwar sehen, aber kenne seinen Namen nicht. Er befindet sich nicht in meinem heutigen Leben.
Ich habe gute Schiffe gebaut und bin stolz auf meine Arbeit. Die anderen haben aber meine Arbeiten nicht anerkannt.

Ich habe viel getanzt in Frankreich und dort gelebt.
Ich stehe auf einem Marktplatz, da sind Musikanten und ich tanze für die Leute.
Ich bin eine Frau und heiße…

Ich habe lange braune Haare, bin 28 Jahre und verdiene das Geld mit tanzen.
Ich lebe in Rhone-Nordfrankreich.

Ich bin in einem Keller eingesperrt, die Hände sind gefesselt und ich werde gefoltert. Hände und Füße werden zerquetscht. Es stehen Männer herum und lachen. Sie sagen, du wirst nicht mehr tanzen.

Der Vorwurf war „Menschen zu verderben".
Nach meinem Tod sind die Verletzungen weg. Die zerquetschten Hände sind geheilt. Ich bin auf einer Wiese, liege in der Sonne. Der Schmerz ist weg.

Es ist hell und ich frage, was ich tun soll. Ich bekomme keine Antwort. Alle sehen mich an, aber keiner sagt etwas.

Ich soll mich erholen. Ich will nie wieder gequält werden, nie wieder Schmerzen erleiden müssen.

Nie wieder gefoltert werden. Ich wünsche den Männern, dass man ihnen denselben Schmerz zufügt.

Ich stoße den Männern eine brennende Fackel ins Gesicht. Ich bin wütend und der Meinung, dass sie das verdient haben.

Mein Weg ist vollendet. Im heutigen Leben sind die Männer, die mich wegen des Tanzens gefoltert und getötet haben, mit Schüler aus meiner Schulzeit.
Ich habe es richtig gemacht, zu tun, was ich wollte und konnte. Mich nicht von meinem Weg abbringen lassen.

Ich habe versucht, mich zu verteidigen, bin aber gescheitert.
Ich habe keine Anerkennung bekommen und konnte mich nicht durchsetzen.